500원
으로 시작하는
부동산
따라잡기

비즈니스 **7**

500원

으로 시작하는

부동산
따라잡기

강기횡 지음

이담
Books

책을 펴내며

지금 국제 경기의 침체와 더불어 우리나라의 경제사정도 힘든 나날을 보내고 있다. 특히 부동산 경기침체는 이루 말할 수가 없다. 부동산 경기 호황 때 무조건 분양이 되던 그 시절에 비하면 지금은 완전히 절망 수준이다.

미분양 사태라 일컫는 현재 시공사들의 부도 위기, 금융권의 자금 경색, 미분양 속출, 실업 등 국민 대다수가 고통을 받고 있는 이 순간에도 한쪽에선 분양 열기가 뜨겁고, 경쟁률이 하늘을 치솟고 있으니 참으로 아이러니한 일이다.

왜 이런 아이러니한 일이 일어날까? 누군가에게 물어보고 싶어도 마땅히 물어볼 사람도 없고, 부동산 경기가 살아난다고 하는데 지금 아파트를 사야 하나? 누구는 경매를 해서 돈을 많이 벌었다는데 나도 경매를 해 볼까? 이렇듯 무엇인가 투자를 해서 돈을 벌어야만 사회에서 뒤처지지 않을 거라는 생각으로 하루하루 강박관념에 사로잡혀 살고 있다.

누구에게 물어볼 것인가? 투자 고수에게 물어볼까? 투자 유망 지역 책을 사 볼까? 그렇게 하면 돈을 많이 벌 수 있을까? 생각을 해도 해도 참 어려운 것이다.

해답은 스스로 알아서 하는 것이다. 부동산은 화려한 식당에서 풀코스요리를 시켜 먹는 것이 아니다. 내가 직접 무엇을 만들 것인지 결정을 하고 각종 신선한 재료를 구입해서 손질을 하고 불 조절을 해 가면서 먹고 싶은 요리를 만들어 가는 것이다.

이 책은 투자 유망 지역을 알려 주지도 않고 무엇을 투자해야 하는지 알려 주지 않는다. 사실 그런 책은 한 번 읽고 쓰레기통에 넣어 버리라고 하고 싶다. 이미 코끼리 무리가 휩쓸고 지나간 자리에 제대로 된 먹을 것이 있을 리 만무하다.

얼마 전 친구 녀석이 시골의 조그만 땅을 구입한다고 등기부등본을 확인해 달라고 전화가 왔다. "야! 나 지금 바쁘고 인터넷으로 뗄 수 있으니까 대법원 들어가서 네가 한번 해 봐" 하면서 전화를 끊었다. 하지만 수차례 "모르겠다."는 전화가 와서 결국은 내가 발급받아 확인해 주었다.

이것이 이 책을 만든 계기가 되었다. 투자를 한다는 사람이 투자하는 물건의 정확한 정보도 알지 못하고 단지 주변 사람의 말만 듣고 한다는 것이 내 입장에서는 안타깝고 불쌍하기까지 하다. 3~4년 전 자신의 전 재산을 털어 목포 앞바다 조그만 섬의 임야에 투자를 한 사람이 있다. 한 번도 가 보지도 않고, 서류도 확인 안 해 보고 단지 말만 듣고 말이다. 아직도 이런 사람이 있나 싶었지만 실제로도 비일비재하다. 결국 그 사람은 지금도 하늘만 쳐다보고 있다.

마지막으로 이 책을 꼼꼼히 읽어 보시길 부탁드리며, 여러분의 부동산 투자에 있어서 조금이나마 보탬이 되고 최소한 잘못된 판단으로 재산상의 손실을 초래하는 일을 사전에 방지하는 데 도움이 된다면 그것으로 만족한다.

이 책의 구성

    첫째, 인터넷을 이용한 부동산의 각종 공부의 열람 방법과 공부 해석을 다루어 최소한의 기본지식을 쌓는 데 목적을 두었다.

    둘째, 인터넷을 이용한 각종 부동산 정보의 검색과 이용방법을 설명함으로써 실전 능력을 배양하는 데 도움이 되도록 하였다.

    셋째, 부동산 투자 시 반드시 알아야 할 내용을 중심으로 정리를 하였으며, 즉시 실제 투자에 활용할 수 있도록 하였다.

지은이 강 기 횡

목 차

Chapter 1

각종 공부의 열람

Part 1

등기부등본을 보면 해답이 있다

우리가 부동산을 구입하거나 또는 전세나 월세와 같은 임대차계약을 할 때 반드시 확인해야 하는 것이 등기부등본입니다.

등기부등본의 가장 중요한 의미는 부동산의 권리관계를 나타내고 있기 때문입니다. 즉, 소유자가 누구인지, 부동산의 면적이 얼마나 되는지, 대출이 있는지, 누군가 압류를 해 놓았는지, 법적으로 문제가 있는지 등등 다양한 권리관계 및 채무관계를 등기부등본을 통해 알 수가 있습니다.

따라서 부동산 투자에 있어 가장 핵심이자 반드시 알아야 할 사항이 등기부등본입니다.

1. 등기부등본 발급/열람

대법원 인터넷 등기소(http://www.iros.go.kr/)를 통해 가정에서도 손쉽게 등기부등본을 발급받거나 열람할 수 있습니다. 부동산 관련 업무를 하지 않는 대부분의 일반인은 인터넷을 통한 등기부등본 발급에 서투른 것이 사실입니다.

1) 인터넷 검색

인터넷에 접속하신 후 다음(http://www.daum.net/), 네이버(http://www.naver.com/), 야후(http://www.yahoo.co.kr/) 등과 같은 포털사이트 검색어에 '대법원 인터넷 등기소'라고 입력하시면 됩니다.

2) 대법원 인터넷 등기소

대법원 인터넷 등기소를 '클릭'하시면 다음과 같은 창이 뜨게 됩니다.

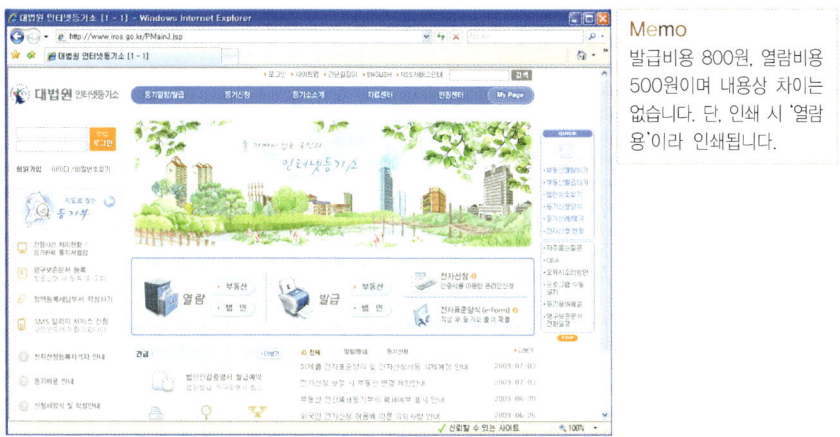

Memo
발급비용 800원, 열람비용 500원이며 내용상 차이는 없습니다. 단, 인쇄 시 '열람용'이라 인쇄됩니다.

Tip 인터넷 등기부등본 열람시간은 평일은 오전 7시부터 오후 11시까지이며, 주말 및 공휴일은 오선 9시부터 오후 9시까지입니다.

3) 부동산등기 발급/열람 서비스

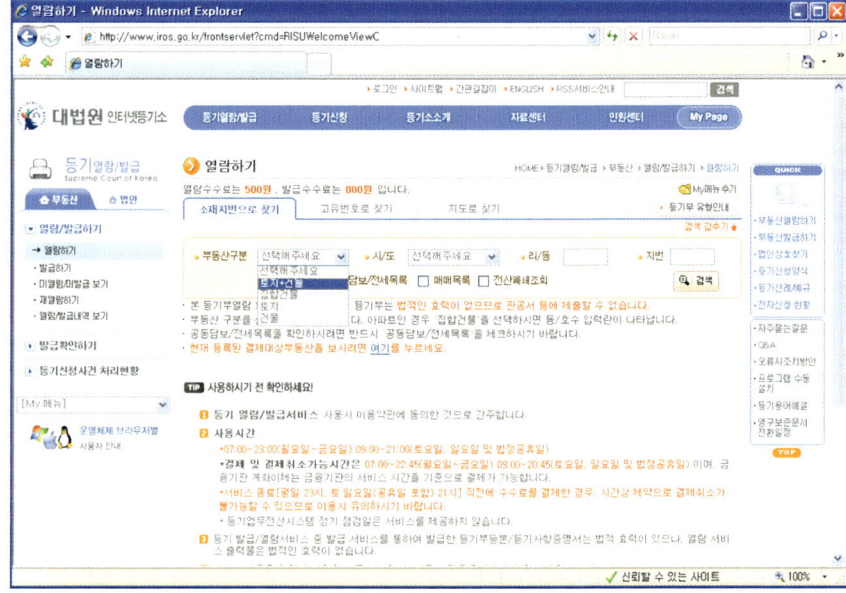

등기부등본은 토지, 건물, 집합건물로 구분되어 있으며, 집합건물은 건물과 토지가 함께 움직이는 것을 말합니다. 예를 들어 공동주택이라고 하는 아파트, 연립, 다세대 주택 등이 이에 포함됩니다.

<주택 구분>

구분	다가구 주택	공동주택		
		다세대	연립	아파트
건물 소유자	1인	다수	다수	다수
내용	3개 층 이하(지하층 제외) 바닥면적 합계(지하층 제외)가 660m^2 이하	4개 층 이하 바닥면적 합계가 660m^2 이하	4개 층 이하 바닥면적 합계가 660m^2 이상	5개 층 이상
등기부 구분	토지 + 건물	집합건물	집합건물	집합건물

* 한 건물의 소유자가 1명이면 토지 + 건물을 선택하시고, 다수일 경우에는 집합건물을 선택을 하시면 됩니다.

4) 부동산 소재지 지번 확인

Memo
부동산 소재 지번과
소유자 성명 앞 2글
자를 알 수 있습니다.

Tip 결재하시기 전에 이름 앞 2글자(홍길*)를 알 수 있기 때문에 소
유자가 틀릴 경우 취소가 가능합니다.

5) 등기부 유형 선택

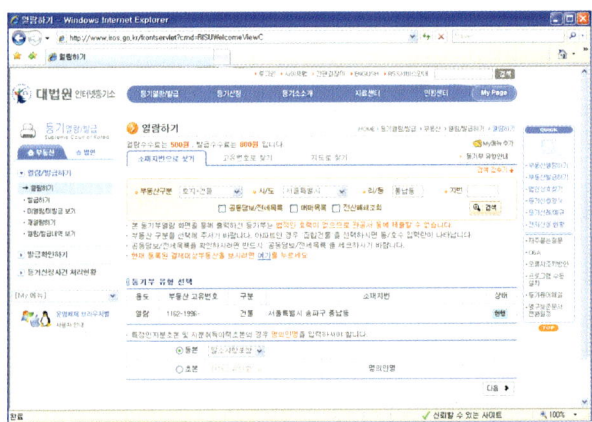

Memo
등기부 유형은 해당 부동
산의 과거 흐름까지 알 수
있는 '말소사항 포함'을 선
택하시는 것이 좋습니다.

'유효사항만'으로 선택 시 등기내용의 전·후를 파악하기 어렵기 때
문에 '말소사항 포함'으로 선택하세요.

6) 주민등록 공개 여부 판단

Memo
해당 등기부에 등재되어 있
는 경우에는 개별 주민등록
번호가 공개되며, 미기입
시 등기부등본에 주민등록
번호 앞자리만 공개됩니다.

7) 결제 확인

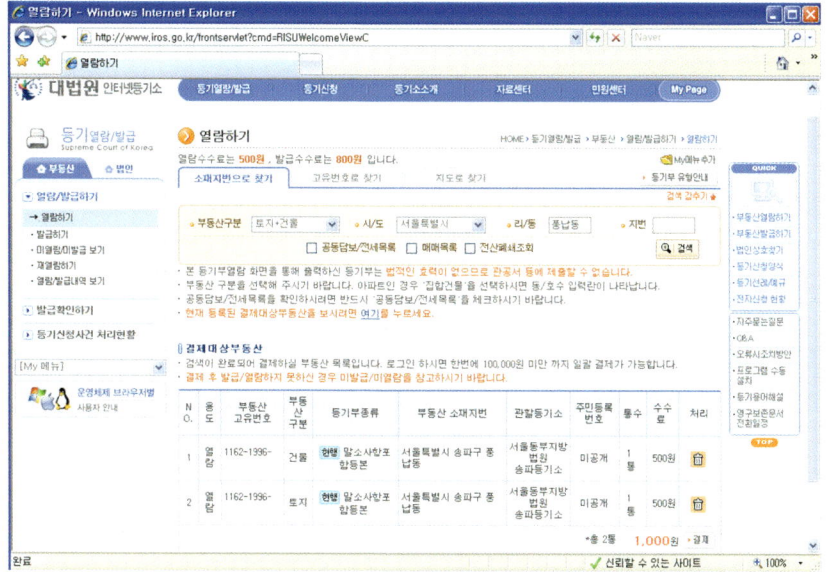

　지금까지 3)~6)번까지 입력하셨던 내용이 전체적으로 보입니다. 이제 내용을 전체적으로 확인하시고 맞는다면 '결제'를 '클릭'하시면 됩니다.

8) 주민등록번호 입력

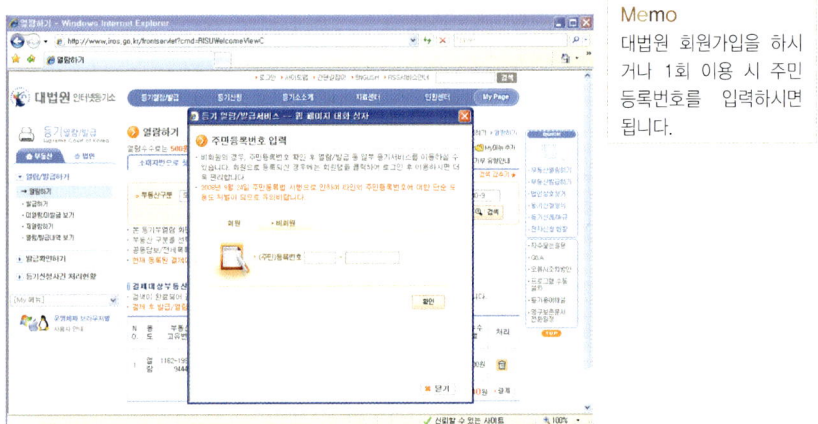

Tip 등기부등본 발급 후 1시간 이내에 재열람이 가능하며, 결제 후 미발급되었을 경우 3개월 내 발급받으실 수 있습니다.

9) 결제

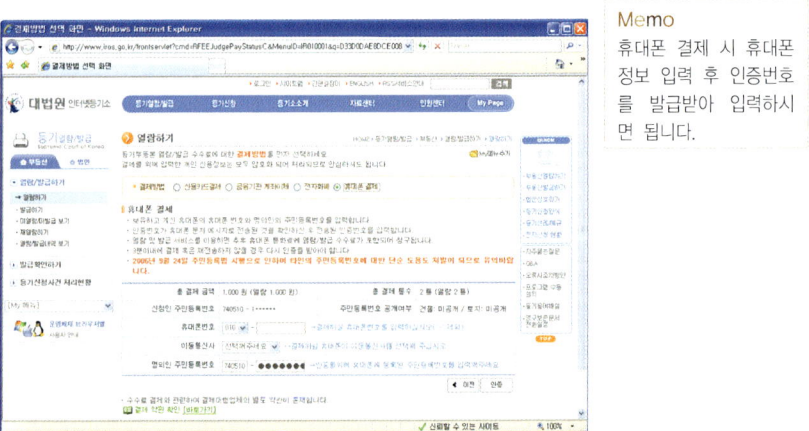

결제방법은 신용카드, 금융기관 계좌이체, 전자화폐, 휴대폰 결재 등 4가지 방법이 있습니다. 이 책에서는 일반적인 휴대폰으로 결재하는 방법으로 설명드리겠습니다.

10) 등기부등본 발급/열람

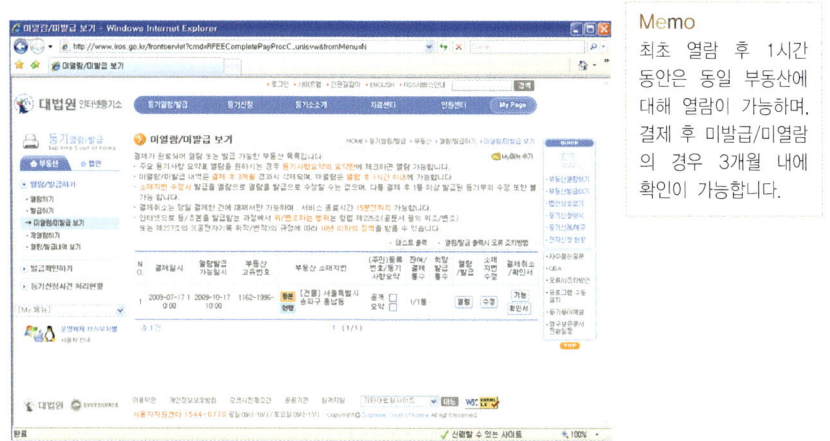

'열람'을 클릭하시면 등기부등본 화면이 나타납니다.

11) 출력

출력을 원하시면 프린터를 연결하신 후에 등기부등본 상단의 '출력'을 클릭하시면 인쇄가 됩니다.

2. 등기부등본 살펴보기

이 책에서는 아파트, 연립, 다세대, 오피스텔, 구분상가(호수별로 소유주가 다른 건물)에 해당할 수 있는 집합건물의 등기부등본을 예로 들어 설명하겠습니다. 소유주가 1명인 다가구 주택이나 토지 등기부등본도 거의 같습니다.

부동산 등기부등본은 표제부, 갑구, 을구 세 부분으로 나누어져 있습니다. 먼저 표제부부터 살펴보겠습니다.

1) 표제부(전체 부분)

등기부 등본(말소사항 포함) - 집합건물

[집합건물] 서울특별시 송파구 풍납동 　　　　　　고유번호 1234 - 5678

【 표 제 부 】 (1동 건물의 표시)

표시번호	접수	소재지번, 건물명칭 및 번호	건물내역❶	등기원인 및 기타 사항
1	2006년 4월 1일❸	서울특별시 송파구 풍납동	철근콘크리트구조 벽식구조 (철근) 콘크리트 평슬테브지붕 5층 아파트 1층 840.54m² 2층 832.2m² 3층 832.2m² 4층 832.2m² 5층 178.11m² 옥탑 1층 34.15m²(연면적 제외) 부속건물 1층 92.75m², 2층 92.75m² 지하 1층 6343.19m²	도면편철장 제1책 148장

(대지권의 목적인 토지의 표시)

표시번호	소재지번	지목	면적	등기원인 및 기타 사항
1	1. 서울특별시 송파구 풍납동	대	895.5m²	2006년 11월 1일 대지권 2006년 11월 1일

① 건물내역

표제부는 해당 부동산의 내역을 알려 줍니다. 집합건물에서 표제부는 전체 건물 부분과 토지 부분에 대한 내역을 표시한 표제부가 1개 더 있습니다.

즉, 아파트와 같은 공동주택 1개 동에 대한 구조, 각 층의 면적, 기타 부속건물의 면적을 알 수 있습니다.

② 면적

전체 아파트 단지의 부지면적을 알 수 있습니다.

③ 접수란

접수란의 2006년 4월 1일은 이 건물의 등기가 이루어진 것이며, 실제로 등기일은 건물의 준공시기(건축완료)를 가늠해 볼 수 있습니다. 또한 건물의 등기가 완료되어야 소유권이전등기가 가능합니다.

2) 표제부(전유부분)

전유부분에 대한 표제부는 해당 아파트의 해당 호수에 대한 정보를 알 수 있습니다.

【표 제 부】　(전유부분의 건물의 표시)

표시번호	접수	건물번호	건물내역❶	등기원인 및 기타 사항
1	2006년 4월 1일	제4층 제401호	철근콘크리트구조 84.99m²	도면편철장 제1책 148장
(대지권의 표시)				
표시번호	대지권의 종류		대지권 비율❷	등기원인 및 기타 사항
1	1 소유권대지권		8,955분의 46.43	2006년 11월 1일 대지권

① 건물내역

건물내역의 84.99m²(평방미터, 약 25.7평)로 아파트의 전용면적이 얼마인지 알 수 있습니다. 예를 들어 분양면적이 32평이라고 한다면 이 아파트의 전용률은 80.3%(25.7(전용면적)÷32(분양면적)×100)인 것입니다.

🟠ip m²(평방미터)를 평으로 환산하는 방법은 m²×0.3025 또는 m²÷3.3057을 해 주면 됩니다.

② 대지권 비율

대지권이란 아파트와 같은 공동주택(집합건물)에서 건물의 구분소유자가 전유부분을 소유하기 위하여 건물의 대지(토지)에 대하여 가지는 권리를 대지권이라 합니다. 또한 공동주택(집합건물)은 토지와 건물의 등기가 일체로 구성되어 있어 건물과 대지권을 분리해서 매매를 할 수 없습니다.

위의 8,955분의 46.43은 전체 토지면적 8,955m²(약 2,708평)에서 46.43m²(약 14평)에 대한 토지 지분을 가지고 있다는 의미입니다.

🟠ip 대지권이 미등기되는 경우는 대개 아파트를 신축 혹은 재개발하면서, 기존 지번을 말소하고 새 아파트의 주소를 부여하면서 각 호수별로 대지권을 부여하게 됩니다. 그런데 이런 작업이 늦어지게 되면 등기부상에 대지권의 표시가 나타나지 않으며, 이 경우 '토지 별도 등기'라고 되어 있습니다. 이는 아직 토지에 대한 권리가 확정되지 않았기 때문에 반드시 확인하여야 합니다. 일반적으로 공동주택 신축 당시 토지에 근저당을 설정하여 대출을 받

아 사용하고 그 대출금을 변제하지 못한 것이 대부분입니다. 그러나 이와는 달리 근저당이 설정된 토지 위에 건물만을 신축하여 분양했을 경우도 있기 때문에 확인해 보셔야 합니다.

Tip 등기부등본 중 표제부의 표시번호란 및 갑구나 을구의 순위번호란 괄호 안에 (전1), (전2), (전3) 등의 표시가 되어 있는데 이것의 의미는 구 등기부등본(폐쇄등기부등본)에서 전사(복사)해 온 순서를 의미입니다.

3) 갑구(소유권에 관한 사항)

【갑 구】 (소유권에 관한 사항)❶

순위번호❷	등기목적❸	접수❹	등기원인❺	권리자 및 기타 사항❻
1	소유권 보존	2006년4월1일 제27289호		공유자 지분 2분의1 김갑순 601205-2****** 서울시 중구 신당동 524 지분 2분의1 이갑돌 560212-1****** 서울시 중구 신당동 524
2	1번 김갑순, 이갑돌지분전부 이천	2006년9월16일 제8531호	2006년9월15일 매매	소유자 홍길동 651010-1******
2-1	1번등기명의인 표시변경	2007년3월21일 제23567호	2007년3월15일 전거	홍길동의 주소 서울시 송파구 풍납동 123
3	가압류	2007년4월3일 제14569호	2007년4월1일 서울지방 법원 동부지원의 가압류 행정(2007카단2335호)	청구금액 금10,000,000원 채권자 일자매 서울 강남구 역삼동 567
4	3번 가압류등기일소	2007년5월10일 제56824호	2007년5월3일 해제	
5	압류	2008년7월30일 제38795호	2008년6월28일 압류(재산세관-2088)	권리자 국 처분청 송파세무서

순위번호❷	등기목적❸	접수❹	등기원인❺	권리자 및 기타 사항❻
6	임의경매개시결정	~~2007년9월10일~~ ~~제10172호~~	~~2000년9월7일~~ ~~서울지방 법원~~ ~~동부지원의~~ ~~임의경매개시결정(2000마~~ ~~경10237)~~	~~채권자 주식업자 신한은행~~ ~~110111-0012009~~ ~~서울 중구 내정로 2가 120~~
7	압류	2008년10월8일 제60721호	2008년10월1일 압류(세관13410-3809)	권리자 강남구청
8	6번 강제경매개시결정 층기업소	2009년1월20일 제11164호	2009년1월5일 취하	

① 소유권에 관한 사항

등기부등본의 갑구는 소유권에 관한 사항을 기재하고 있습니다. 소유권에 관한 사항으로는 압류, 가등기, 부동산 소유권에 관련하여 재판이 진행 중임을 나타내는 예고등기, 부동산 처분을 금지하는 가처분등기, 경매개시결정 등기 등의 변경, 말소, 소멸에 관한 것이 갑구에 기재할 사항입니다.

소유권 보존등기는 해당 부동산에 제일 처음으로 하는 등기입니다.

Tip 소유권이 이전되더라도 전 소유자란은 주말(빨간색으로 선을 긋는 것)하지 않습니다. 주말하는 경우는 해당 등기가 말소되는 경우에만 하게 됩니다.

② 순위번호

순위번호는 등기한 순서를 나타내 줍니다. 기재된 순위번호에 의해서 갑구 사항란의 권리 간에 우선순위가 정해집니다.

Tip 같은 갑구와 갑구, 을구와 을구에서는 순위번호로 권리의 우선순위가 정해지며 갑구와 을구 간의 권리의 우선순위는 접수번호(접수일자)에 의해 정해집니다.

③ 등기 목적

갑구에서는 소유권에 관한 사항인 소유권이전, 압류, 가압류, 가등기 등의 등기의 내용 또는 종류를 기재합니다(을구에서는 소유권 이외의 권리인 지상권, 전세권, 지역권, 임차권, 주택임차권, 상가건물임차권 등의 변경, 이전이나 말소사항을 기재하게 됩니다).

④ 접수

등기신청서를 접수한 날짜와 신청서를 접수하면 부여받는 접수번호를 표시합니다.

⑤ 등기 원인

등기의 원인이 되는 매매, 설정계약, 전거, 취하, 해지 등과 같은 내용 및 원인이 되는 날짜를 표시합니다.

⑥ 권리자 및 기타 사항

해당 등기의 권리자 및 기타 권리 사항(청구금액, 채권/채무자, 주소 등)이 기재됩니다.

Tip 2006. 1. 1 이후 작성된 매매계약서를 등기원인증서로 하는 소유권이전등기(소유권이전가등기에 원인한 본등기 포함)를 하는 경우 거래가액 등기를 하여야 합니다. 단, 2006. 1. 1 이전에 작성된 매매계약서에 의한 등기신청을 하거나, 등기 원인이 매매라 하더라도 등기원인증서가 판결, 조정조서 등 매매계약서가 아닌 때에는 거래가액을 등기하지 않습니다.

Tip 매매목록은 1개의 매매계약서를 원인으로 여러 개의 부동산이 체결된 경우 기재하게 됩니다. 일반적으로 단독주택의 경우 토지 와 건물을 동시에 계약하므로 매매목록을 기재하게 됩니다(예 매매목록 제2005 – 101호).

4) 갑구의 등기 목적별 유의사항

① 압류와 가압류

압류는 채권자가 채권(일반채무, 임대료 미지급, 조세 및 벌금의 미납 등에 기한 채권)을 확보하기 위해 법원의 확정판결 등의 채무명의(강제 적인 집행력)를 통해 채무자의 재산을 확보하는 것입니다.

가압류는 채무명의를 얻기 전에 임시적으로 법원의 결정에 의해 채무 자 재산을 확보하여 채권자의 권리를 보전하는 것입니다.

Tip 가압류는 강제집행권한이 없으므로 바로 경매를 진행할 수 없으 며, 본안소송을 거쳐 승소판결을 받은 후에 강제집행력을 얻을 수 있습니다.

② 가처분(처분금지 가처분)

가처분은 부동산의 소유권 분쟁으로 인하여 소유권이전등기 또는 말소등기 등의 청구권을 보전하기 위하여 채무자가 소유권이전, 저당권, 전세권, 지상권 설정, 증여, 임차권 등 기타 일체의 처분행위를 하지 못하도록 하는 것입니다. 또한 처분금지 가처분에 의한 소송에서 승소할 경우에는 가처분 등기 이후의 등기가 말소될 가능성이 있으므로 유의하셔야 합니다.

> **Tip** 부동산 점유이전 가처분(등기부등본에 기재하지 않음)은 분쟁 부동산에 대한 인도, 명도, 청구권을 보전할 목적으로 집행관이 결정문을 전달하고 공시하는 집행방법입니다.

③ 가등기(매매예약, 담보)

소유권이전청구가등기는 본등기 요건이 갖추어져 있지 못한 경우에 미래의 본등기에 대비하여 미리 순위를 보존하기 위한 예비등기의 성격입니다.

소유권이전청구가등기는 부동산 매매예약(매매대금을 지급하는 등 조건이 충족되면 소유권을 이전받는다는 내용)에 의한 경우와 담보가등기(차입금을 변제하지 않을 시 소유권을 이전한다는 내용)로 나누어집니다.

단, 담보가등기의 경우 채무액과 부동산 가치의 차액을 정산하기 전에는 소유권이전등기를 할 수 없습니다. 그러나 매매예약과 담보가등기를 구별하기가 쉽지 않습니다.

> **Tip** 가등기에 의한 본등기를 하게 되면 가등기 이후의 모든 등기는 직권으로 말소되므로 유의하셔야 됩니다.

④ 예고등기

등기 원인의 무효 또는 취소로 인한 등기의 말소 또는 회복의 소가 제기된 경우에 이를 선의의 제3자에게 소송의 결과에 따라 손해를 입을 수 있다는 경고를 하기 위하여 수소법원의 촉탁으로 행하여지는 등기이며, 물권변동(소유권 변동)의 효력 발생과는 아무런 관계가 없는 등기입니다. 따라서 예고등기가 있다고 해서 그 부동산에 관하여 처분금지의 효력이 생기지는 않습니다.

⑤ 경매신청등기(강제, 임의)

경매신청등기는 해당 부동산에 대하여 법원에서 경매절차의 개시를 결정한 때 법원의 촉탁으로 행하여지는 등기입니다. 즉, 제3자에게 경매가 진행된다는 것을 알려 주게 됩니다.

> **Tip** 강제경매와 임의경매의 차이점은 경매신청자가 담보권이 있는가 없는가 하는 점입니다. 강제경매는 확정판결(이행판결문), 화해조서, 공정증서(공증문서), 청구의 인낙조서(청구를 이유 있다고 인정한 조서) 등 채무명의가 있는 경우에 강제경매를 신청할 수 있습니다. 임의경매는 당사자의 설정에 의해 성립하는 약정담보물권인 (근)저당권, 전세권, 질권(예: 전당포)과 법률에 의해 당연히 성립하는 법정담보물권인 유치권(예: 공사대금)에 의한 경매를 말합니다.

5) 을구(소유권 이외의 권리)

을구는 소유권 이외의 권리인 저당권, 전세권, 지역권, 지상권 설정 및 변경, 이전, 말소에 관한 등기를 기재합니다.

【을 구】 (소유권 이외의 권리에 관한 사항)

순위번호	등기목적	접수	등기원인	권리자 및 기타 사항
1	근저당권 설정	2007년 3월 20일 제37503호	2007년 3월 20일 설정계약	채권 최고액 금 300,000,000원 채무자 홍길동 서울시 송파구 풍납동 123 근저당권자 주식회사신한은행 110111-0012809 서울 중구 태평로 24가 120

🌀Tip 근저당과 같은 소유권 이외의 권리의 기재사항이 없을 경우 을 구는 등기부등본상에 나타나지 않습니다.

6) 을구의 등기 목적별 유의사항

① 근저당권

근저당권은 근저당권의 채권최고액 채무자가 실제로 부담해야 할 채무가 아니고 미래에 부담해야 할 최대한도의 채무액이란 뜻이며, 실제 채무액은 그 최고액의 80% 정도 되는 것이 일반적인 관행입니다. 예를 들어 금융권에서 아파트 담보대출을 받을 경우 실제금액보다 20% 정도 높게 채권최고액을 설정해 놓는 것입니다.

🌀Tip 근저당권에 기한 채무액을 일부 변제하더라도 등기부등본상의 채권최고액의 변동이 없기 때문에 확인해 보시면 됩니다.

② 전세권

전세금을 지급하고 타인의 부동산을 점유하여 그 부동산의 용도에 따라 사용·수익하며, 그 부동산 전부에 대하여 후순위권리자나 기타 채권자보다 전세금의 우선변제를 받을 수 있는 권리입니다.

전세권이 설정되어 있는 경우 특별한 사정이 없는 한 전세기간 내에는 전세권자를 임의로 나가게 할 수 없습니다. 또한 전세기간 만료 후 전세금 반환이 이루어지지 않으면 임의경매를 통해 전세금을 회수할 수 있습니다.

③ 지상권

타인 소유의 토지에 건물, 수목, 기타 공작물을 소유 또는 사용하기 위한 권리입니다.

Tip 예를 들어 은행에서 토지(건물이 없는 경우)를 담보로 대출을 하고 토지등기부등본에 근저당권과 지상권을 설정합니다. 그 이유는 지상권을 설정하지 않은 상태에서 소유자가 건물을 건축하면 향후 은행의 경매실행 시 토지에 대해서만 권리가 있고 건물에는 권리가 없기 때문에 경락자의 권리가 제한받게 되어 경매집행에 어려움이 있기 때문입니다.

Tip 근저당권자와 지상권자가 동일인이라면 변제 시 함께 소멸합니다.

④ 지역권

지역권은 일정한 목적을 위하여 타인의 토지(승역지)를 자기 토지(요역지)의 편리에 이용하는 권리입니다. 예를 들어 맹지(도로에 접하지 않은 땅)를 이용하기 위해서는 타인의 토지를 통과해야 하는데 이에 일정 부분 지료(토지사용료 또는 무상)를 지급하고 사용할 수 있는 권리입니다.

Tip 전세권 · 지상권 · 지역권 등은 저당권과는 달리, 부동산의 일부분에도 성립할 수 있으나 동일 부동산의 같은 부분에 중복하여 성립할 수 없음을 유의하여야 합니다.

 등기부등본을 보면 소유자의 삶을 알 수 있다

위의 등기부등본의 예로 들었던 홍길동의 인생을 유추해 보면 아마도 지난 3년간 홍길동이 살아온 길이 험난했음을 알 수 있다.

서울 중구 신당동에 살고 있는 김갑순과 이갑돌 부부는 공동명의로 서울시 송파구 풍납동의 아파트를 분양받았으나, 1가구 2주택으로 인해 2006년 9월 15일에 성남에 사는 홍길동에게 집을 5억 원에 팔았다. 이후 홍길동은 아이들 학교 때문에 주소 이전을 하지 않은 상태에서 아파트로 이사 왔다. 새 학기가 시작되어 풍납동으로 주소 이전을 하고 홍길동은 신한은행에서 아파트를 담보로 3억 원을 대출받고 모아 둔 돈을 합쳐 강남구에 커다란 식당을 시작하였다. 그러나 식당이 여의치 않아 고전하던 중 예전 일지매한테 빌린 1천만 원을 갚지 않아 아파트 가압류를 당하게 되었다. 1천만 원을 어렵사리 구해 일지매에게 변제하고 압류를 해지한다. 그러나 식당이 갈수록 힘들어지고 세금마저 미납되어 송파세무서와 강남세무서로부터 압류를 당하게 된다. 엎친 데 덮친 격으로 그동안 대출이자를 한 번도 내지 않아 신한은행으로부터 경매신청도 들어오고 홍길동은 힘든 나날을 보내고 있었다.

홍길동은 마음을 추스르고 새롭게 시작하기 위해 식당을 정리하고 신한은행에 일부 원리금을 변제하고 경매취소를 요청하여 간신히 경매로 아파트를 날릴 위기는 면하게 되었다.

Part 2

토지 종합 검사서 – 토지이용계획확인서

토지이용계획확인원은 국토의 계획 및 이용에 관한 법률에 따라 전국의 토지에 대하여 일정한 테두리 안에서 이용, 규제하는 공법상의 용도지역, 지구를 공시하는 공적인 서류입니다. 즉, 법률에 의해 토지이용을 하라는 의미입니다.

토지이용계획확인원은 시·군·구청, 동사무소에서 발급받을 수 있으며, 근래에는 인터넷으로 전국 토지에 대한 토지이용계획을 확인하실 수 있습니다.

1. 토지이용계획 열람

온나라 부동산포털(http://www.onnara.go.kr/), 토지이용규제정보서비스(http://luris.mltm.go.kr/) 홈페이지에서 확인하실 수 있습니다.

1) 온나라부동산포털 홈페이지 접속

Memo
온나라부동산포털 홈페이지 > 민원
열람 > 토지이용계획

출처: 온나라부동산종합포털

2) 부동산 소재지 주소 입력

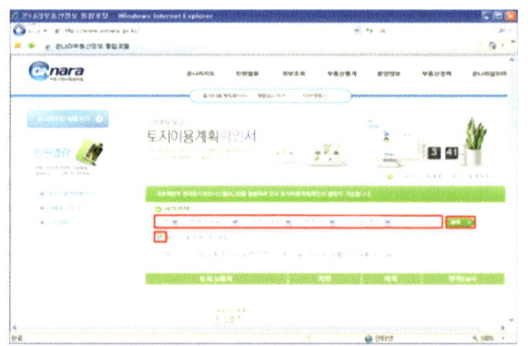

Memo
부동산 소재지 주소 입력

출처: 온나라부동산종합포털

Tip 토지이용규제사항 포함에 'v' 하시면 해당 토지 관련 이용규제사항을 확인하실 수 있습니다.

2. 토지이용계획확인서 살펴보기

1) 토지이용계획확인서

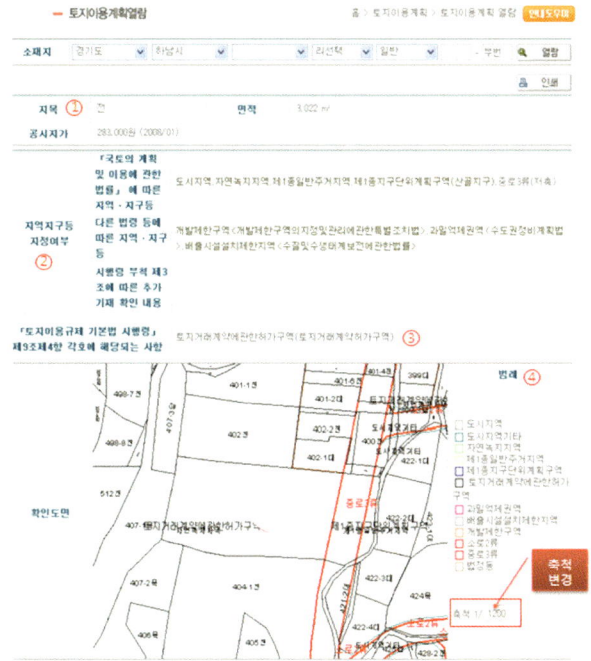

① 지목(28개 지목)

토지의 주된 사용목적에 따라 토지의 종류를 구분·표시하는 명칭입니다. 토지이용계획원 및 등기부등본상의 지목과 실제 사용하고 있는 복적이 다른 경우가 있습니다. 토지거래 시 반드시 현장을 방문하셔서 실제 이용 상황을 검토하셔야 합니다. 추후 지목변경절차를 거쳐 현황(현재 실제 이용 현황)에 맞게 지목을 변경하실 수 있습니다.

② 지역·지구

부동산 구입에 있어서 해당 지역의 지구지정이나 지역지정 상태는 부동산의 가치를 결정하는 중요한 요소가 됩니다. 이는 지역, 지구지정으로 인한 부동산의 이용가치가 현저히 차이가 나고 더하여 부동산의 가격형성에 많은 차이가 발생하기 때문입니다. 따라서 부동산을 구입할 때 반드시 확인해야 합니다.

* 지역/지구/구역에 대한 이용규제사항은「국토의 계획 및 이용에 관한 법률」및 지자체 도시계획조례를 참조하세요.

2) 용도지역

용도지역이란 토지 이용 및 건물의 용도, 건폐율, 용적률, 높이 등을 제한함으로써 토지를 경제적, 효율적으로 이용하고 공공복리 증진을 도모하기 위해 서로 중복되지 않게 국토해양부 장관 또는 시·도지사가 지정합니다.

이 같은 용도지역은 도시지역, 관리지역, 농림지역, 자연환경보전지역 등 네 종류로 분류되며, 또다시 도시지역은 주거지역, 상업지역, 공업지역, 녹지지역으로 구분되며 관리지역은 보전관리지역, 생산관리지역, 계획관리지역으로 구분됩니다.

<용도지역별 용적률, 건폐율>

용도지역 / 구분	도시지역																관리지역			농림지역	자연환경보전지역
	주거지역						상업지역				공업지역			녹지지역			보전관리지역	생산관리지역	계획관리지역		
	1종전용	2종전용	1종일반	2종일반	3종일반	준주거	중심상업	일반상업	근린상업	유통상업	전용공업	일반공업	준공업	보전녹지	생산녹지	자연녹지					
용적률%	50~100	100~150	100~200	150~250	200~300	200~500	400~1500	300~1300	200~900	200~1100	150~300	200~350	200~400	50~80	50~100	50~100	80	80	100	80	80
건폐율%	50	40	60	60	50	70(60)	90(60)	80(60)	70(60)	80(60)	70(60)	70(60)	70(60)	20	20	20	20	20	40	20	20

* 시·군·구 조례에 따라 일정범위 내에서 다를 수 있습니다.

*건폐율
대지(토지) 면적에 대한 건물의 1층 바닥 면적의 비율입니다.

*용적률
대지(토지) 면적에 대한 건물의 연면적(지상층 바닥면적의 합계)에 대한 비율입니다. 이 경우 지하 면적은 제외됩니다(반지하층은 층 높이가 지상보다 1/2 이하일 경우입니다).

예) 100평의 토지면적에 지하 1층(60평), 지상 4층(각 층은 40평)의 규모로 건물을 건축했다면 이 건물의 건폐율과 용적률은?

건폐율은 1층 바닥면적(40평)÷부지면적(100평)×100으로 40%가 되는 것입니다. 또한 이 건물의 용적률은 전체 연면적(40평×4층)÷부지면적(100평)×100으로 160%가 되는 것입니다.

Tip 일반적으로 단독주택 밀집지역의 경우 제1종 일반주거지역인 경우가 많습니다. 이 경우 건폐율 60%, 용적률 100~200%가 적용되기 때문에 토지 100평에 1층 면적을 50평으로 할 경우 2층~최대 4층까지 건축할 수 있습니다. 반면, 제3종 일반주거지역인 경우 건폐율 50%, 용적률 200%~300%가 적용되기 때문에 같은 면적의 토지에 최대 6층까지 건축할 수 있습니다. 결국 같은 토지 면적이라 하더라도 용도지역에 따라 토지의 이용가치가 달

라져 부동산의 가격 차이가 발생하게 됩니다.

3) 용도지구

용도지구란 토지의 이용 및 건축물의 용도, 건폐율, 용적률, 높이 등에 대한 용도지역에 대한 제한을 강화 또는 완화하여 적용함으로써 용도지역의 기능을 증진시키고 미관, 경관, 안전 등을 도모하기 위해 정해 놓은 지역을 말합니다.

4) 용도구역

용도구역은 시가지(도시)의 무질서한 확산을 방지하고 계획적이고 단계적으로 토지를 이용하기 위해 정한 지역입니다. 일반적으로 용도지역과 용도지구가 토지이용에 초점을 맞췄다면, 용도구역은 토지 이용을 제한하는 쪽에 무게중심이 맞춰져 있습니다. 용도구역에는 개발제한구역, 시가화조정구역, 수산자원보호구역, 도시자연공원구역, 지구단위계획구역 등으로 구분됩니다.

Tip 서울시 뉴타운구역 지정(도시재개발구역)으로 인해 구역 내 무분별하게 건축행위를 할 수 없으며, 개발계획에 의해 상업시설, 업무시설, 주거시설 등 계획도면에 의해 행위를 하여야 합니다. 또한 일반적으로 아파트 재건축의 경우 아파트지구단위계획의 승인을 거쳐 건축하게 됩니다.

<지목의 종류 및 부호>

구분	지목	부호	비고
1	전	전	밭
2	답	답	논
3	과수원	과	토지에 접속한 저장고 포함
4	목장용지	목	목장
5	임야	임	산
6	광천지	광	산
7	염전	염	소금을 채취하기 위한 토지
8	대	대	건축물(주거, 사무실 등)을 건축할 수 있는 토지
9	공장용지	장	공장(제조업) 시설물의 토지
10	학교용지	학	기숙사 제외
11	주차장	차	노상주차장, 물류장, 전시장은 제외
12	주유소	주	주유소
13	창고용지	창	창고부지
14	도로	도	아파트 및 공장 단지 내의 통로는 제외
15	철도용지	철	역사, 차고 등 부속시설물의 부지
16	제방	제	방파제, 방조제
17	하천	천	물의 흐름이 있거나 있을 것으로 예상되는 토지
18	구거	구	농업용수 또는 배수를 위한 인공적인 수로 및 물의 흐름이 있을 것으로 예상되는 소규모 수로
19	유지	유	물이 항상 고여 있는 호수, 연못, 저수지 등
20	양어장	양	양식장
21	수도용지	수	정수장
22	공원	공	공원 및 녹지조성 부지
23	체육용지	체	체육활동을 할 수 있는 시설 및 부지(단, 골프장, 실내수영장, 테니스장 등은 제외)
24	유원지	원	동물원, 식물원, 민속촌, 경마장, 낚시터 등
25	종교용지	종	사찰, 기도원, 향교 등
26	사적지	사	문화재(경복궁 등)
27	묘지	묘	묘지, 납골당(관리를 위한 건축물 부지는 '대'로 함.)
28	잡종지	잡	갈대밭, 야외시장, 채석장, 자동차운전학원, 변전

<용도지역/용도지구/용도구역 구분표>

용도지역			용도지구	용도구역
도시지역	주거지역	전용주거지역	경관지구, 자연경관지구, 수변경관지구, 시가지경관지구, 미관지구, 중심지미관지구, 역사문화미관지구, 일반미관지구, 고도지구, 최고고도지구, 최저고도지구, 방화지구, 방재지구, 보존지구, 문화자원보존지구, 중요시설물보존지구, 생태계보존지구, 시설보호지구, 학교시설보호지구, 공용시설보호지구, 항만시설보호지구, 공항시설보호지구, 취락지구, 자연취락지구, 집단취락지구, 위락지구, 개발진흥지구, 주거개발진흥지구, 산업개발진흥지구, 유통개발진흥지구, 관광휴양개발진흥지구, 복합개발진흥지구, 특정개발진흥지구, 특정용도제한지구, 리모델링지구 등 35개 지구	개발제한구역, 시가화조정구역, 수산자원보호구역, 도시자연공원구역, 지구단위계획구역
		제1종 전용주거지역		
		제2종 전용주거지역		
		일반주거지역		
		제1종 일반주거지역		
		제2종 일반주거지역		
		제3종 일반주거지역		
		준주거지역		
	상업지역	중심상업지역		
		일반상업지역		
		근린상업지역		
		유통상업지역		
	공업지역	전용공업지역		
		일반공업지역		
		준공업지역		
	녹지지역	보전녹지지역		
		생산녹지지역		
		자연녹지지역		
관리지역	보전관리지역			
	생산관리지역			
	계획관리지역			
농림지역				
자연환경보전지역				

③ 토지이용규제기본법 시행령 제9조 제4항에 관한 사항

제9조 제4항

법 제10조 제1항 제3호에서 "그 밖에 대통령령이 정하는 사항"
이라 함은 다음 각 호의 사항을 말한다.
1. 「국토의 계획 및 이용에 관한 법률」 제117조에 따라 지정된
   토지거래계약에 관한 허가구역
2. 그 밖에 일반 국민에게 그 지정내용을 알릴 필요가 있는 사
   항으로서 건설교통부령이 정하는 사항

5) 토지거래계약 허가구역

토지거래 허가제도는 국토를 효율적으로 이용·관리하고 투기를 방
지하기 위한 제도로서 전 국토의 약 15%, 수도권의 약 84%가 토지거
래허가구역으로 지정되어 있습니다.

토지거래 허가구역 내에서는 기준 면적 초과 거래 시 계약 전에 매도
자, 매수자 공동으로 신청하고 토지소재 관할지자체장에게 허가를 받아
야 합니다(단, 상속, 경매, 공익 목적을 위한 수용 등은 제외).

<表토지거래허가구역 내 기준 면적>

구분	용도지역	면적
도시지역	주거지역	180m² 초과 시
	상업지역	200m² 초과 시
	공업지역	660m² 초과 시
	녹지지역	100m² 초과 시
도시지역 외의 지역	용도지역의 지정이 없는 지역	90m² 초과 시
	농지	500m² 초과 시
	임야	1,000m² 초과 시
	농지 및 임야 이외의 토지	250m² 초과 시
* 도시 재정비구역(뉴타운 등)		20m² 초과 시

* 도시 재정비촉진지구 내 허가면적은 2009. 03. 25일자로 도시지역의 주거지역과 상업지역의 면적기준으로 변경되었습니다.

🏀ip 임야나 농지의 경우 토지거래 허가를 받기 위해서는 구입하고자 하는 토지가 소재하는 지역에 세대 전원이 허가 신청일 이전 1년 이상 주민등록이 되어 있어야 하고 실제 거주하는 것이 원칙입니다(단, 세대원 중 직장, 취학, 질병 등 사유가 있는 경우는 제외됩니다). 또한 토지거래 허가 후 일정기간 토지이용 의무기간이 있습니다.

<토지거래허가구역 이용 의무기간>

허가 목적	의무기간	비고
거주용 주택용지	3년	• 목적대로 이용하지 않은 경우 과태료(500만 원) 부과
영농이나 대체토지 취득	2년	• 토지거래허가를 받지 않고 계약하거나 부정하게 허가를 받은 경우 2년 이하 징역 또는 2천만 원 이하 벌금
사업목적	4년	
기타 경우	5년	

🏀ip 유동적 무효

토지거래허가구역에서 허가를 받지 않고 체결한 계약은 무효입니다.

그러나 나중에 허가를 받으면 처음부터 유효가 되는 것을 유동적 무효라고 합니다. 토지거래허가구역에서 허가를 받지 않은 상태에서 토지매매계약은 무효이나 추후 허가를 받으면 유효하게 되는 것을 말합니다. 따라서 계약서상에 토지거래허가를 받을 경우 계약이 성립한다는 내용을 특약사항에 기재하는 것이 좋습니다. 이 경우 매도인도 허가를 받을 때에는 협조할 의무가 있으며 계약상 불이행 등에 대하여는 채무불이행을 따질 수 있으며, 매수인도 계약을 파기할 수 없으며 파기하는 경우에는 계약금을 반환받을 수가 없습니다.

④ 토지이용계획도

토지이용계획도는 해당 토지 및 주변의 도로현황 및 개발계획, 지역/지구의 지정현황, 건축선, 개발계획 등을 한눈에 확인할 수 있습니다. 또한 지하에 지하철이 지나가는지 여부도 확인할 수 있습니다.

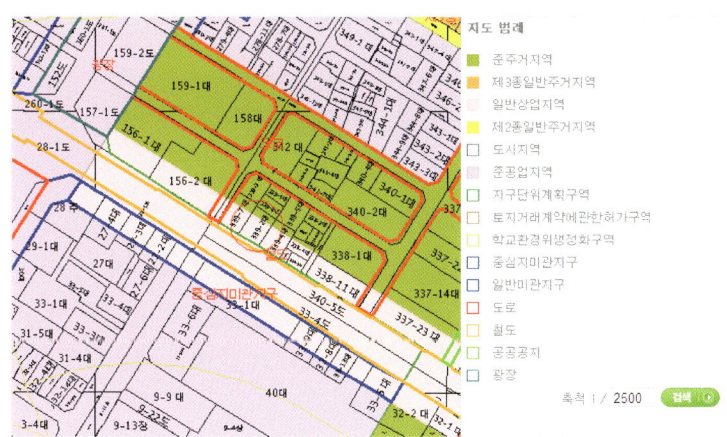

출처: 온나라부동산포털

6) 지적도(임야도)

지적도는 부동산의 경계를 표시하고 면적을 산정하는 데 있어서 중요합니다. 특히 토지거래에 있어서 그 지역에 살고 있지 않는 한 해당 부동산의 위치를 정확히 파악하기가 쉽지 않기 때문에 토지거래 시 반드시 현장을 답사하시기를 바랍니다. 또한 지적도에 나타나지 않은 현황도로(실제로 이용하고 있는 도로)도 파악하셔야 합니다.

지적도상의 맹지(타인의 토지에 둘러싸여 접근할 수 없는 토지)의 경우 현황도로 유무에 따라 토지이용 및 가격에 커다란 영향을 미치게 됩니다.

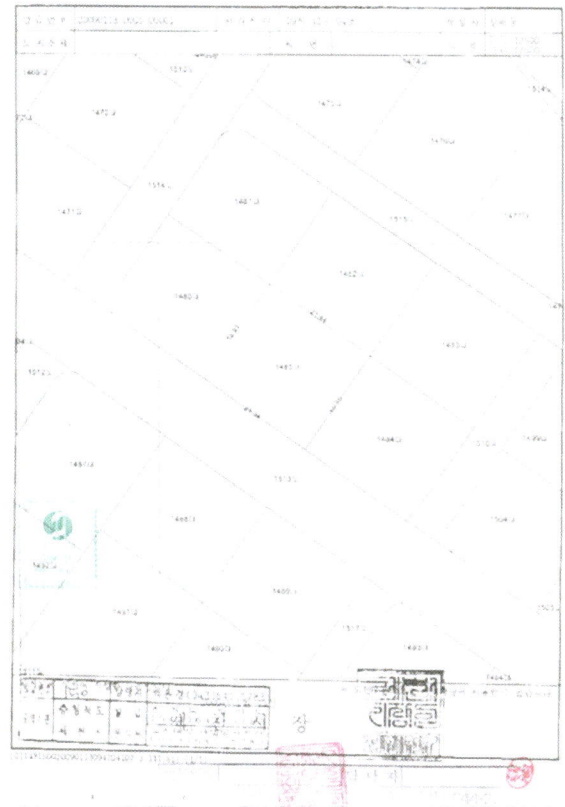
지적도 등본

7) 공시지가/기준시가

　인터넷으로 해당 부동산의 공시지가를 확인할 수 있는 방법은 온나라
부동산포털(http://www.onnara.go.kr/)사이트에 접속하신 다음 상단의 민
원열람과 정보조회를 '클릭'하시면 토지에 대한 개별공시지가를 포함하
여 개별주택 및 공동주택 공시가격을 확인하실 수 있습니다.

① 공시지가

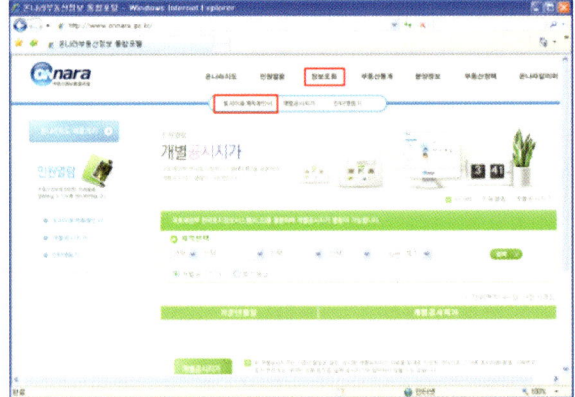

Memo
토지에 대한 국세 산정을 위한 토지 가격으로 개별공시지가를 뜻합니다.

　공시지가는 주로 국세(양도소득세, 상속세, 증여세 등)의 과세기준이 되고, 각종 보상(수용에 따른 토지보상)에 있어서 기준이 되기도 합니다. 공시지가는 대부분 일반 매매가격보다 금액이 훨씬 적습니다.

　결론적으로 공시지가는 국가에서 국세를 매기기 위한 기준을 삼기 위해 토지에 대해 정해 놓은 금액입니다.

② 기준시가

출처: 온나라부동산종합포털

기준시가는 국세를 매기기 위한 기준이며, 건물에 대해서 정해 놓은
것입니다. 주로 양도소득세, 상속세, 증여세 등의 과세기준이 되는 가격
을 말합니다.

* 국세청고시 기준시가: 공동주택 기준시가(아파트, 고급빌라 등)의
경우에는 국세청이 따로 기준시가(토지와 건물의 합계액)를 정하여 고시
하고 있습니다.

③ 시가표준액

지방세법상 과세표준(취득세, 등록세, 재산세 등)을 산정하는 데 이용
되며, 시가표준액은 건물이든 토지이든 지방세를 산정하기 위한 기준을
정해 놓은 금액입니다.

Part 3

토지ㆍ건물의 현황을 보여 주는 부동산 대장

부동산 거래 시 부동산의 권리관계를 알 수 있는 등기부등본과 더불어 해당 지번의 토지상의 이용 상황을 알 수 있는 서류가 토지대장과 건축물대장입니다.

개별 토지의 이용 상황에 따라 부동산의 이용 목적이 달라질 수 있으며, 그에 따른 투자형태가 달라질 수 있습니다.

또한 토지대장과 건축물대장에 기재된 내용이 등기부등본이나 다른 공부의 기초가 되기 때문에 수치가 다를 경우 토지대장과 건축물대장의 수치가 우선하게 됩니다.

1. 대장의 열람

인터넷으로 건축물대장과 토지(임야)대장은 전자민원 G4C 사이트 (http://www.egov.go.kr/)에서 회원가입 후 발급 및 열람이 가능합니다.

1) G4C 전자정부 접속

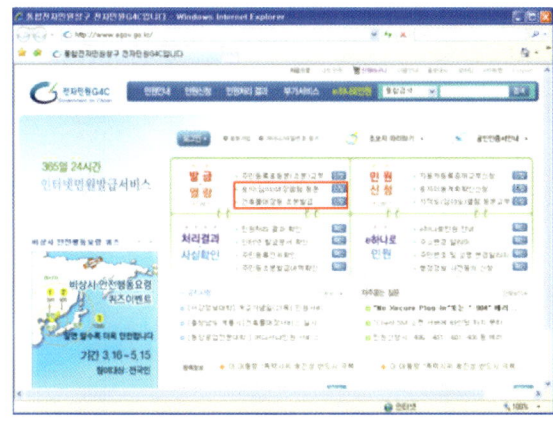

2) 신청서 작성

　　신청서 작성 시 토지와 건물이 구분되는 1필지의 토지, 단독주택, 다가구주택 등과 같은 경우와는 달리 아파트와 같은 공동주택(집합건물)의

경우 대지권등록부에 해당하는 곳을 선택하신 후 신청하시면 됩니다.

* 대지권등록부의 등록사항

토지의 소재, 지번, 대지권 비율, 소유자 정보, 토지 고유번호, 전유부분의 건물표시, 건물명칭, 집합건물별 대지권등록부의 장번호, 토지소유자의 변경과 그 원인, 소유권 지분 등이 기재되어 있습니다.

3) 결제

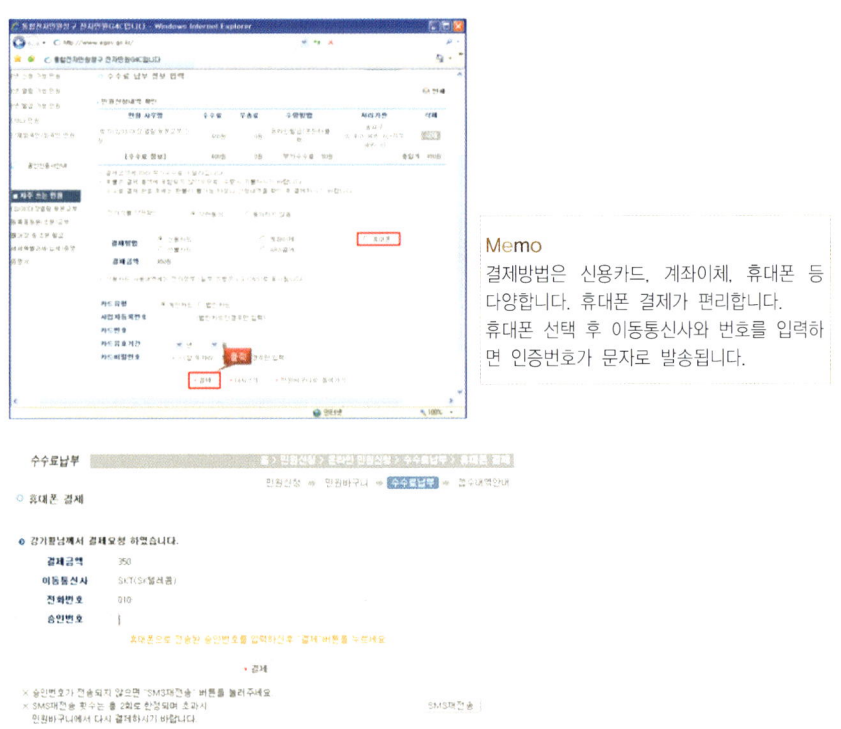

Memo
결제방법은 신용카드, 계좌이체, 휴대폰 등 다양합니다. 휴대폰 결제가 편리합니다.
휴대폰 선택 후 이동통신사와 번호를 입력하면 인증번호가 문자로 발송됩니다.

2. 토지대장

고유번호	0171010300 - 10080 -		도면번호	3	발급번호	2009045-0014
토지소재	서울특별시 송파구 풍납동		장 번 호	2-1	처리시각	20시 09분 26초
지 번	00-0	척 척 1:1200	비 고		작 성 자	인터넷민원

토지 대장

1/3

토지 정보		토 지 표 시			소 유 자		
지 목	면 적(㎡)	사 유		변 동 일 자	주 소		
				변 동 원 인	성 명 또는 명 칭		등 록 번 호
(08) 대	15??	(40)1969년 09월 30일 지목변경		1980년 11월 10일	용산구 한남동		
				(03)소유권이전			41?
(08) 대	15??	(51)1988년 01월 01일 행정관할구역변경		1983년 06월 27일			
				(03)소유권이전			420
		--- 이하 여백 ---		1985년 06월 20일	풍납동		
				(03)소유권이전			43?
				1991년 04월 04일	222-123		
				(03)소유권이전			5??

토지 등급								
등 급 수 정 년 월 일	1982. 02. 01 수정	1984. 07. 01 수정	1985. 07. 01 수정	1986. 08. 01 수정	1989. 01. 01 수정	1990. 01. 01 수정	1991. 01. 01 수정	1992. 01. 01 수정
토 지 등 급 (기준수확량등급)	72	188	190	191	195	208	211	216
개별공시지가기준일	2002년 01월 01일	2003년 01월 01일	2004년 01월 01일	2005년 01월 01일	2007년 01월 01일	2008년 01월 01일		용도지역 등
개별공시지가(원/㎡)	760000	1030000	1080000	1180000	1800000	1900000		

토지임야대장에 의하여 작성한 열람본입니다.

2009년 04월 27일

서울특별시 송파구청장

1) 토지 정보

토지대장에는 토지의 소재, 지번, 지목, 면적, 소유자 성명·주소·주민번호 등이 표시됩니다.

토지대장을 검토하는 데 있어서 토지대장의 내용과 등기부등본의 내용이 같은지 주의 깊게 봐야 합니다. 특히 토지대장의 토지 면적과 등기부등본싱의 도지 면직이 일치하는지 반드시 확인해아 합니다.

Tip 토지대장의 면적과 등기부등본의 면적이 다를 경우 토지대장의 면적이 우선합니다.

토지소유자가 1인이 아닌 공동소유일 경우 소유자 지분, 소유자 정보를 기재한 공유지 연명부를 첨부하게 됩니다.

고유번호	11710103000 -		공유지 연명부		장 번 호	1
토지소재	서울특별시 송파구 풍납동		지 번	00-0	비고	
순번	변 동 일 자	소유권 지분	소유자			등록번호
	변 동 원 인		주 소			성명 또는 명칭
0001	2002년 09월 05일	1/2	00-0			
	(03)소유권이전					000
0002	2002년 09월 05일	1/2	00-0			
	(03)소유권이전					000
			—— 이하 여백 ——			

2) 토지등급

토지대장상에는 토지등급과 연도별 개별공시지가가 기재되어 있습니다. 토지등급이란 지방세법에 의하여 재산(토지, 가옥)을 취득할 경우와 보유하는 경우에 과세를 위하여 등급을 정한 것으로 1973. 4. 1부터 1995. 12. 31까지 시행되었으며, 1996년부터 개별공시지가를 기준으로 과세함으로써 토지대장에 정리를 하지 아니하고 개별공시지가확인서를 발급하게 되었습니다.

1996년 이전의 토지 취득자의 양도소득세 산정 시 토지 취득가액이 정확하지 않을 경우 토지등급을 가격으로 환산하여 취득가액을 추정합니다.

3. 건축물대장

고유번호				일 반 건 축 물 대 장			G4C접수번호	
1171010300-							20060131-	
대지위치	서울특별시 승파구 풍납동	건물정보	지번		명칭 및 번호		특이사항	
대지면적	143.9㎡	연면적	281.4㎡	지역	제2종일반주거지역	건물용도	구역	
건축면적	82.95㎡	용적률산정용 연면적	202.62㎡	주구조	연와조 외1	주용도	다가구주택(7가구)	층수	지하1층/지상3층
건폐율	57.64%	용적률	140.81%	높이	9.1㎡	지붕	경사지붕	부속건축물	

건 축 물 현 황					소 유 자 현 황			
구분	층별	구조	용도	면적(㎡)	성명(명칭) 주민등록번호 (부동산등기용등록번호)	주소	수유권 지분	변동일자 변동원인
주1	지1	연와조	층별용도 구주택	78.78		서울특별시 승파구 풍납동	1/2	2002.09.05 소유권이전
주1	1층	연와조	가구주택	78.78				
주	2층	연와조	다가구주택	76.44		서울특별시 승파구 풍납동	1/2	2002.09.05 소유권이전
주	3층	연와조, 경량철골조	다가구주택	47.4				
		-이하여백-			-이하여백- ×이 건축물대장은 현소 유자만 표시한 것입니다.			

이 등(초)본은 건축물대장의 원본내용과 틀림없음을 증명합니다.
담당자 : 토지관리과   전화번호 : 02-410-3495
2009년 04월 25일

서울특별시 송파구청장

고유번호								승강기	승용	대	G4C접수번호	
1171010300-											20060131-	
구분	성명 또는 명칭	면허(등록)번호							승용	대	허가일자	1991.07.05
건축주			옥내	자주식	대	㎡			비상용	대	착공일자	1992
설계자				가계식	대	㎡	오수정화시설		형식		사용승인일자	1993.01.06
공사감리자			옥외	자주식	1대	11.5㎡		부패탱크방법			관련지번	
공사시공자 (현장관리인)				가계식	대	㎡		용량	25인용			
건축물 에너지소비정보 및 기타 인증정보												
에너지효율		EP점수	친환경건축물 인증			지능형건축물 인증						
등급		점	등급			등급						
에너지절감율	%		인증점수		점	인증점수		점				
변 동 사 항												
변동일자	변동내용 및 원인			변동일자		변동내용 및 원인					기타기재사항	
2007.02.02	특정건축물정리에관한특별조치법(법률제7968호,2005.11.8)에따라 2007.01.30사용승인(지상3층다가구주택47.4㎡증축)										주구조 : 경량철골구조	
	—이하여백—											

1) 건물정보

　　건축물대장에는 건물의 연면적, 건폐율, 용적률 등 건물정보와 건물의 주 용도 및 층별 용도가 기재되어 있습니다. 건축물대장에서 가장 중요한 사항이 건물의 용도를 확인하는 것입니다. 건물의 용도에 따라 이용 목적이 틀려지기 때문입니다. 위의 건축물대장의 주 용도는 다가구주택으로 주택용도로 활용해야 합니다. 반면 근린생활시설의 경우 건물의 용도에 따라 제1종 근린생활시설, 제2종 근린생활시설 등 다양하게 구분되어 있습니다. 자세한 내용은 뒷부분의 상가건물의 업종 선택 부분에서 다루기로 하겠습니다.

2) 건물용도

건축물대장에서 유심히 살펴봐야 할 것은 건축물대장의 내용과 실제 건물의 구조 및 용도가 정확한지, 불법건축물이 없는지 확인해야 합니다. 불법적인 구조변경이나 용도 변경, 건축물이 있을 경우 구 건축법 제69조 제4항에 의하여 건축물대장에 위반내용을 기재하도록 규정하고 있습니다.

그러나 계약 당시 위반내용이 건축물대장에 기재가 되지 않았다고 해서 안심할 수는 없습니다. 정기적으로 항공촬영 및 주변 민원으로 인해 위반내용이 확인될 때에는 시정·조치받게 되며, 시정될 때까지 매년 벌금을 부담할 수도 있습니다. 또한 상가건물의 경우 위반내용이 있을 경우 업종에 따라 등록이 안 될 수 있습니다.

Tip 중개업을 비롯하여 영업신고 및 허가 시 불법건축물이 있을 경우 등록이 되지 않습니다.

—

Chapter 2

부동산 분석 Know-how

Part 1

인터넷을 알면 부동산이 보인다

부동산에 대한 정보를 얻는 방법은 다양합니다. TV나 신문 등과 같은 대중매체를 통해서 얻을 수도 있을 것이며, 때로는 친구들과의 대화에서 또는 회식자리에서 수많은 부동산 정보를 얻을 수 있을 것입니다. 그러나 이러한 정보는 자신만의 정보가 아니라 이미 시장에 공개된 정보이기 때문에 부동산 투자에 있어서 절대적인 신뢰를 가질 수는 없습니다.

Part 1에서는 인터넷을 이용한 부동산 정보 수집에 목적을 두고 부동산 포털사이트의 검색방법을 비롯해서 지도검색 및 인공위성 사진 검색 등 다양한 검색방법을 설명하고, 그에 따른 세부적인 내용을 설명하려고 합니다.

1. 부동산 포털사이트

부동산 포털사이트는 부동산에 관련한 다양한 정보를 한 번에 알아볼 수 있도록 만든 인터넷 웹사이트입니다.

국내 대표적인 부동산 포털사이트는 부동산114(http://www.r114.co.kr/), 스피드뱅크(http://www.speedbank.co.kr/), 부동산 써브(http://www.serve.co.kr/) 등 다양합니다.

출처: 부동산114

출처: 스피드뱅크

출처: 부동산 써브

출처: 부동산뱅크

저의 경험에 비추어 보면 각 부동산 포털사이트의 물건정보 및 기타 정보들이 제휴되어 있는 야후코리아(http://www.yahoo.co.kr), 네이버

(http://www.naver.com), 다음(http://www.daum.net) 등의 인터넷 검색엔진을 통하여 부동산 정보를 얻기가 용이합니다. 이 장에서는 대표적인 검색사이트인 '다음 부동산(http://realestate.daum.net/)'에서 제공하는 부동산 정보를 기초로 설명드리겠습니다.

1) Daum 부동산 홈페이지 접속

'다음' 웹사이트 검색어에 '다음 부동산'이라 검색하신 후에 접속하시면 됩니다.

'다음 부동산(http://realestate.daum.net/)'

2) 지역 선택 및 물건선택

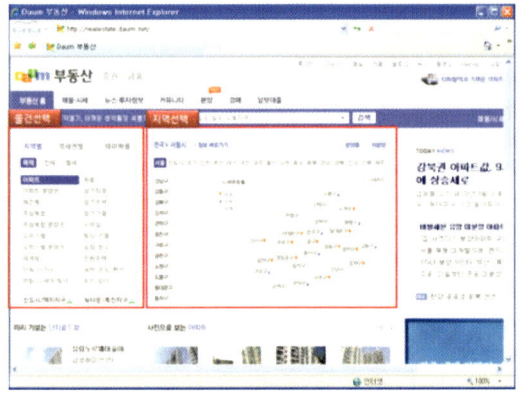

> **Memo**
> 지역 선택은 지도를 '클릭'해서 선택하셔도 되며, 해당 지역의 물건정보 페이지에서 원하는 정보를 바로바로 변경할 수 있습니다.

출처: Daum 부동산

각 부동산 포털사이트의 제휴로 개별정보가 통합 등록되기 때문에 해당 부동산의 가격현황 및 아파트 규모, 면적(분양, 전용), 건축 년도 등 다양한 정보를 얻을 수 있습니다.

3) 물건정보 및 위성지도 검색

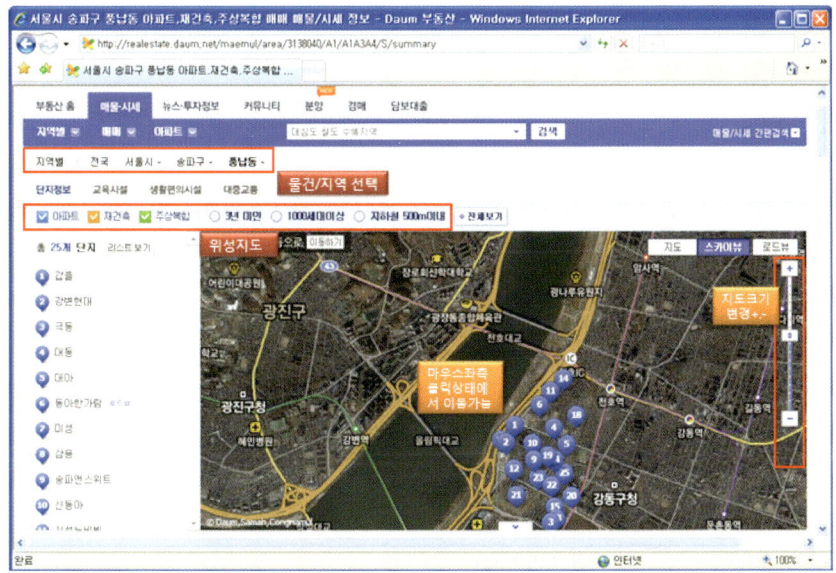

출처: Daum 부동산

물건 및 지역 선택을 하시면 해당 지역의 물건정보가 나타납니다. 이 때 위성지도를 통해 물건의 위치와 주변 정보를 현장감 있게 파악하실 수 있습니다.

위성지도의 경우 우측 툴바를 이용해 지도를 확대/축소할 수 있습니다. 또한 위성지도 안에 마우스를 옮겨 놓고 마우스 좌측 클릭을 한 상태에서 움직이면 지도가 이동하게 됩니다.

Tip 위성지도의 경우 현재의 모습이 아닌 과거 2~3년 전 모습이므로 실제와는 차이가 있을 수 있습니다.

4) 개별 물건 검색(아파트)

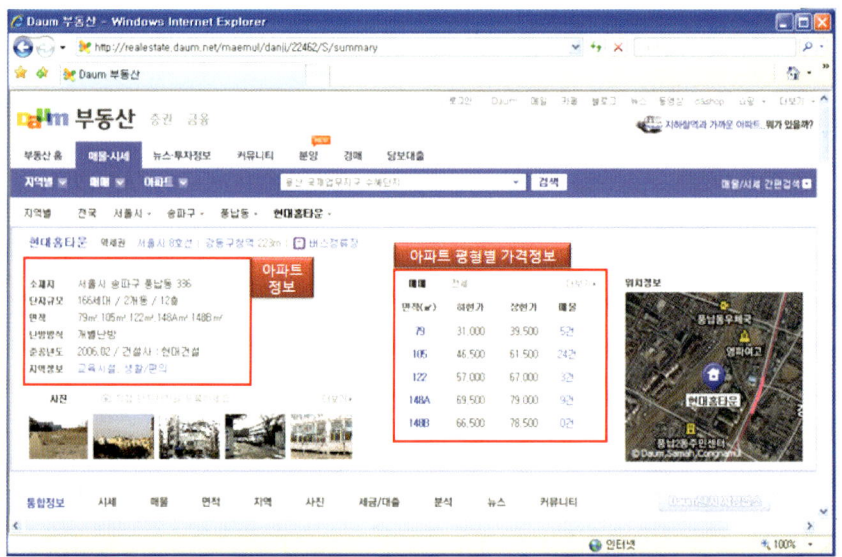

출처: Daum 부동산

아파트 및 일정수준 이상의 집합건물의 경우 검색 아파트의 단지 정보 및 가격정보를 확인할 수 있습니다.

Tip 부동산 사이트의 가격정보는 각 지역 중개업소에서 등록한 가격 정보입니다. 따라서 중개업소의 매물관리의 한계가 있기 때문에 현시점의 정확한 가격정보를 구하기 힘듭니다. 또한 중개업소 간의 지나친 경쟁으로 인해 허위매물 및 사실과 다른 가격을 등록하는 경향이 많기 때문에 반드시 사이트의 가격정보를 참고로 정보 검색자가 해당 물건의 중개업소에 개별 확인하시는 게 가장 좋은 방법입니다.

2. 아파트 실거래 확인

1) 국토해양부 홈페이지 접속

국토해양부 홈페이지에서는 아파트 실거래가격 조회뿐만 아니라 부동산 공시가격, 토지거래허가구역, 투기과열지구, 보금자리주택 등 다양한 정보를 구할 수 있습니다. 수시로 정보조회를 하신다면 큰 도움이 될 것입니다.

출처: 국토해양부

2) 아파트 실거래가격 조회

아파트 실거래가격 조회는 (http://rt.mltm.go.kr/)사이트에서 조회하실
수 있습니다.

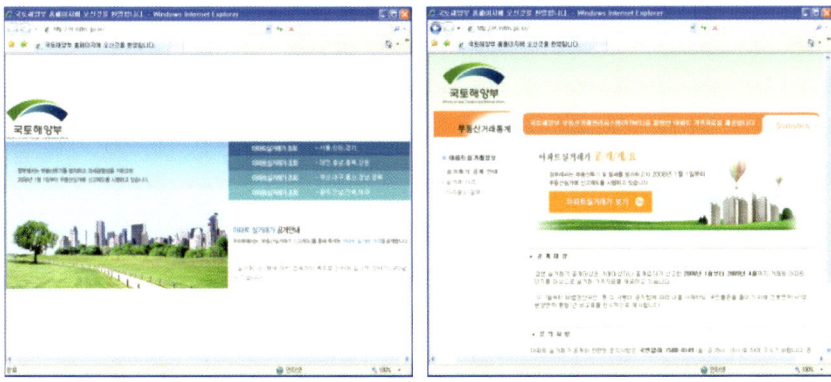

출처: 국토해양부

3) 개별 실거래가격 확인

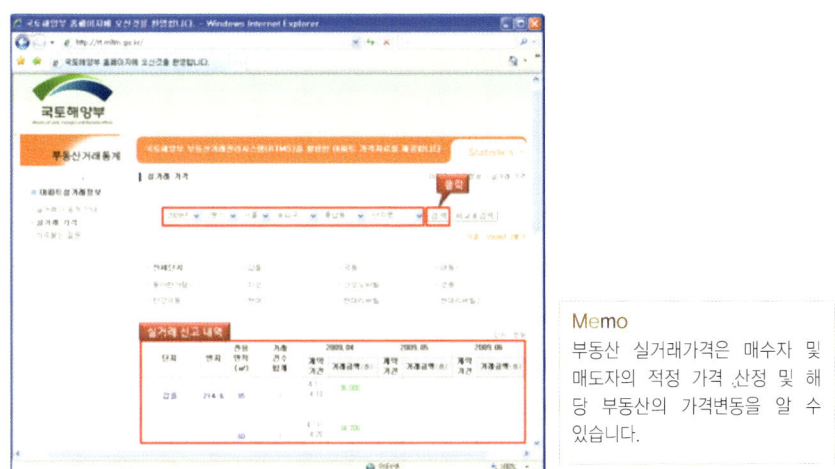

Memo
부동산 실거래가격은 매수자 및
매도자의 적정 가격 산정 및 해
당 부동산의 가격변동을 알 수
있습니다.

출처: 국토해양부

Tip 부동산 거래신고

토지 또는 건축물, 입주권, 분양권 등 부동산을 매매하기 위하여 거래

계약서를 작성한 경우에는 거래당사자(매수인, 매도인)나 중개업자가 부동산의 실제 거래가격 등을 계약 체결일로부터 60일 이내에 부동산 소재지 구청에 부동산 거래신고를 하여야 합니다. 부동산 거래신고대상은 토지 및 건축물, 재개발/재건축 입주권, 주택분양권 등입니다(신고예외: 판결, 교환, 증여, 신탁/해지, 주택을 제외한 분양권 매매 등).

3. 지도검색

인터넷 웹사이트로 지도검색 서비스를 제공하는 사이트는 일반적으로 널리 알려진

- 구글 earth(http://earth.google.com/)
- 야후지도검색(http://kr.gugi.yahoo.com/ymap/)
- 콩나물(http://www.congnamul.com/)
- Daum지도(http://local.daum.net/)
- 파란지도(http://local.paran.com/map/)
- 온나라부동산포털(http://www.onnara.go.kr/) 등 대부분의 포털사이트에서 서비스하고 있으며 각 서비스의 이용에 장단점이 있습니다.

1) 구글 earth(전 세계 위성사진)

현재 구글 earth(http://earth.google.com/) 사이트에서 인터넷으로 전 세계 위성사진을 제공하고 있으며, 해당 프로그램을 다운받아 설치하신 후 컴퓨터 바탕화면에서 '구글어스' 아이콘을 실행하시면 됩니다.

구글어스는 국외의 지리정보를 얻는 데 상당히 도움이 됩니다. 비록 3~4년 전의 위성사진이지만 해당 도시의 지리 및 위치를 파악하는 데 절대적인 도움을 제공합니다.

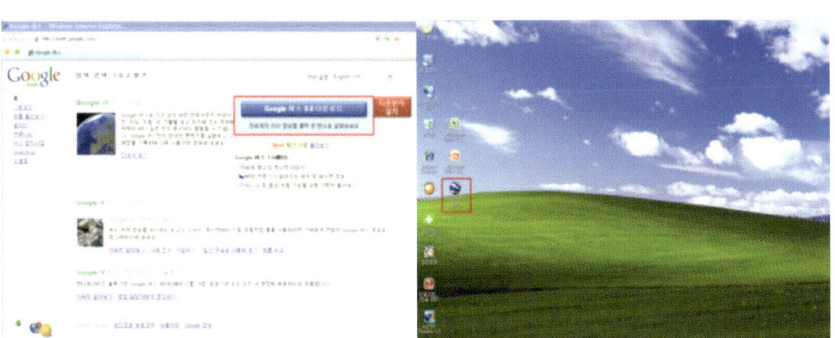

출처: 구글 earth

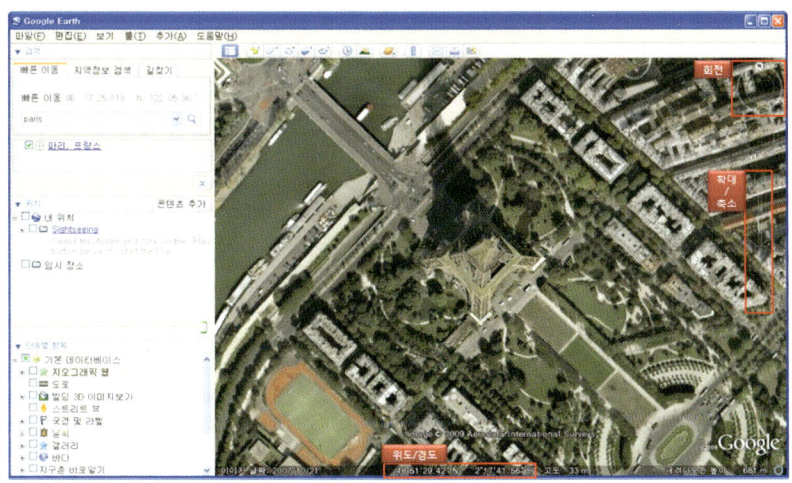

출처: 구글 earth(파리 에펠탑)

Tip 화면 하단에 표시된 위도와 경도는 부동산 토지거래 시 해당 토지의 정확한 위치를 파악하는 데 많은 도움이 됩니다(부동산 수치지적부와 비교).

구글어스는 국내 지번검색 서비스는 제공하지 않기 때문에 직접 위성사진을 통해 찾아가는 번거로움이 있습니다.

2) 파란지도

저의 경험에 비추어 부동산 위치 및 주변정보를 얻는 데 있어 '파란지도'는 지번의 정확한 위치 및 용도지역/지구의 구분이 용이할 뿐만 아니라 위성사진과 즉시 비교할 수 있어 상당히 편리합니다. 단, 일정수준 이상의 확대 시 유료회원가입을 하셔야 합니다.

파란지도 검색(http://www.paran.com/)
인터넷포털사이트(야후, 다음, 네이버, 엠파스 등)의 검색창에 '파란지도'라고 입력한 후 검색하시면 사이트에 접속하실 수 있습니다.

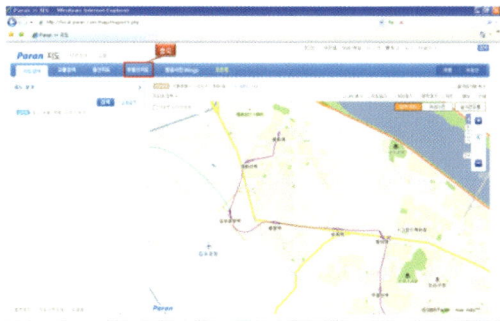

출처: 파란지도

① 상세검색

파란지도 첫 페이지에서 '부동산지도'를 클릭하신 후 좌측 상단에 있
는 '상세검색'을 클릭하시면 부동산 지번을 입력할 수 있는 화면이 나
타나게 됩니다. 그러면 우측 화면에 해당 부동산 지번을 표시하며 부동
산 지번도가 나타나게 됩니다.

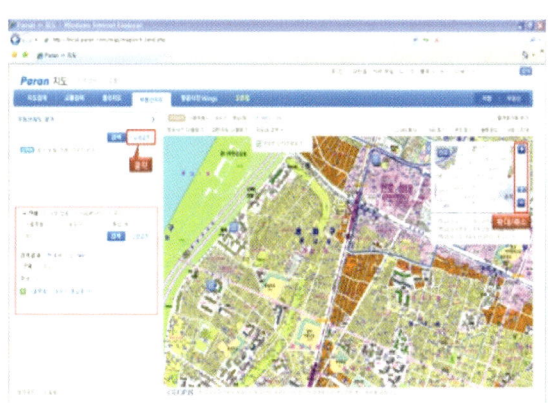

출처: 파란지도

② 위성사진 및 거리/면적 재기

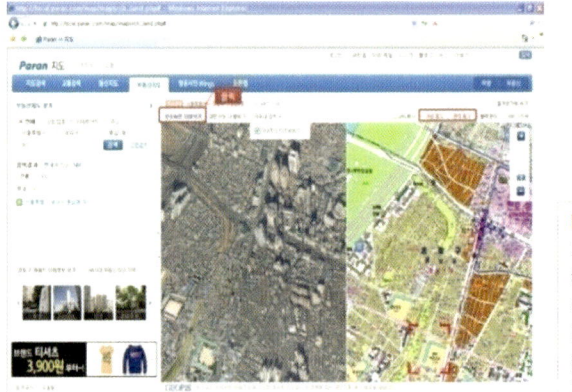

Memo
거리 재기 선택 후
해당 지점과 지점에 마우스를 클릭합니다.
면적 재기 선택 후 마우스로 해당 면적 둘레를 클릭하여 교차하게 합니다.

출처: 파란지도

Tip 화면상의 '항공사진 더블 보기'를 클릭하시면 항공위성 사진을 같은 화면에서 보실 수 있습니다. 다시 한 번 '항공사진 더블 보기'를 클릭하시면 화면이 사라지고 지번도 화면만 보이게 됩니다.

4. 부동산 종합정보 서비스

각 개별 사이트에서 지도 및 토지이용계획, 위성사진, 공시지가, 용도지역/지구 등 다양한 서비스를 제공하고 있습니다. 그러나 이러한 내용들을 개괄적으로 보여 주는 사이트가 있습니다.

바로 온나라부동산포털(http://www.onnara.go.kr/)입니다. 국가에서 제공하는 인터넷 서비스로 해당 부동산의 구체적인 정보를 얻기 전에 물건의 통합적인 정보를 얻기에는 유익한 사이트입니다.

1) 온나라부동산포털 접속

인터넷 검색사이트에서 통합검색란에 '온나라' 또는 '온나라 부동산'이라 입력하고 검색하시면 온나라 부동산 통합포털에 접속하실 수 있습니다.

2) '온나라지도' 클릭

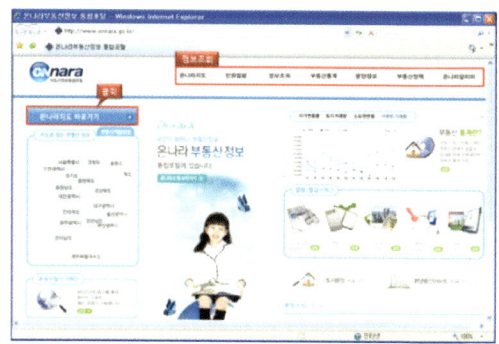

Memo
온나라지도에서는 지도 서비스뿐만 아니라 다양한 부동산 정보를 제공하고 있습니다.

출처: 온나라부동산 포털

3) 부동산 지번 입력

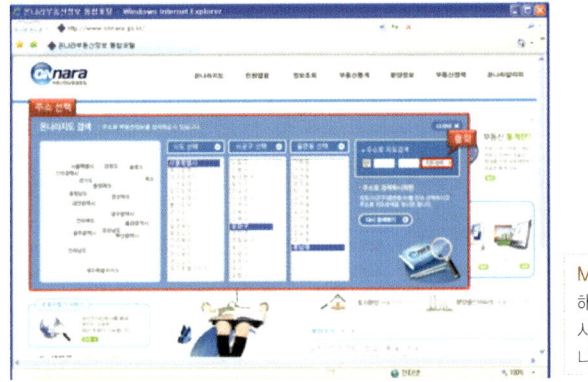

Memo
해당 부동산 지번을 선택/입력하
시고 지도검색을 '클릭'하시면 됩
니다.

4) 위치검색 및 부동산 정보 확인

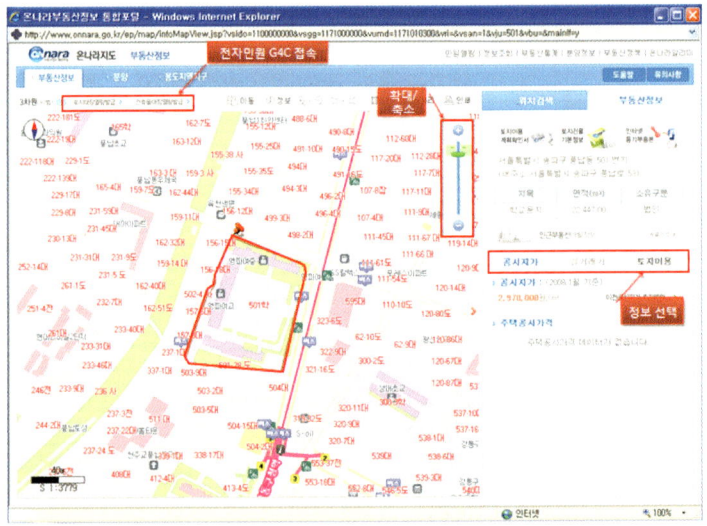

부동산정보란을 '클릭'하시면 공시지가, 실거래가(아파트의 경우), 토지이용에 대한 정보를 보실 수 있습니다. 구체적인 정보를 원하실 경우에는 화면 상단의 건축물/토지대장 열람, 등기부등본, 토지이용계획확인서 등 세부항목에 접속하여 발급/열람하시면 됩니다.

Tip 위치검색 시 새 주소 검색(ex ***길 123번), 명칭검색(부동산 지번이 정확하지 않을 시 명칭(ex 송파구 한강아파트)으로도 확인 가능합니다. 부동산 주소 입력 후 '검색'을 클릭하시면 화면에 해당 주소의 위치가 표시됩니다.

5) 3차원 서비스

Memo
온나라부동산 포털에서는 3차원 영상 서비스도 실시할 예정입니다.

Part 2

부동산은 규제 안에 있다

부동산거래 시 토지이용계획확인서 및 부동산 공부(토지대장/건축물 대장 등)에 명시된 부동산 거래규제사항에 대해 그 의미를 명확히 파악하셔야 합니다.

1. 토지거래허가구역

토지거래허가구역의 용도지역별 기준면적은 앞서 설명드린 것과 마찬가지로 도시지역 내 주거지역은 $180m^2$ 초과 시, 상업지역 $200m^2$ 초과 시, 공업지역 $660m^2$ 초과 시, 녹지지역 $100m^2$ 초과 시 허가를 받아야 합니다. 도시지역 외의 지역(관리지역, 농림지역, 자연환경보전지역)은 용도지역의 지정이 없는 지역(농림지역과 자연환경보전지역)은 $90m^2$초과 시, 농지의 경우 $500m^2$ 초과 시, 임야의 경우 $1,000m^2$ 초과 시, 농지 및 임야 이외의 토지는 $250m^2$ 초과 시 토지거래허가구역 내에서는 토지거래 전 관할 시·군·구의 장으로부터 허가를 받아야 합니다.

Tip 개별토지의 토지거래허가구역 지정 여부는 해당 토지이용계획확
인원에 표시되어 있습니다.

예) 토지거래허가구역 내의 토지가 농림지역 내의 농지로 90m²(약 27
평)를 초과하여 구입하고 싶을 때는 사전에 토지거래허가를 받아
야 합니다. 또 다른 토지거래허가구역 내의 토지가 보전관리지역
(관리지역) 내의 농지로서 500m²(약 151평)를 초과하여 거래할 경
우 사전에 토지거래허가를 받아야 합니다. 이와 같이 같은 농지
라도 용도지역에 따라 기준 면적이 다릅니다.

2. 투기지역(주택, 토지)

1) 토지투기지역

토지투기지역의 지정은 기획재정부부장관이 부동산가격안정심의위원
회의 심의를 거쳐 지정하는 지역으로 전 분기 땅값 상승률이 같은 기간
전국 소비자물가 상승률의 100분의 130보다 높은 지역이거나, 또는 이
기간 땅값 상승률이 전국 평균 상승률의 100분의 130 이상 되거나 지
난 1년간 연평균 상승률이 최근 3년간 전국의 평균 상승률보다 높은 지
역을 말합니다.

토지투기지역으로 지정되면 부동산 양도 시 지정 전에는 개별공시지
가로 과세되었으나, 지정되면 실거래가로 과세하게 됩니다. 개별공시지

가와 실거래가격의 차이가 일반적으로 지방은 40~70%, 서울지역은 20~30% 정도 나기 때문에 양도소득세가 높아지게 됩니다. 또한 필요시 탄력세율을 적용하여 기본세율의 ±15% 범위 내에서 중과세할 수 있습니다.

토지투기지역에서 해제되기 위해서는 지정일로부터 6개월이 경과되어야 하며, 지정 전후의 가격상승률(전전분기 전부터 누적계산)이 전국 평균 이하 또는 소비자물가 상승률 이하여야 합니다.

2) 주택투기지역

주택투기지역의 지정은 지정하는 날이 속하는 달의 직전 월의 주택매매가격 상승률(국민은행 매달 발표)이 전국소비자 물가 상승률의 100분의 130보다 높은 지역으로서 직전 월로부터 소급하여 2개월간의 월평균 주택매매가격 상승률이 전국주택매매가격 상승률의 100분의 130보다 높은 지역 또는 직전 월부터 소급하여 1년간의 연평균 주택매매가격 상승률이 직전 월부터 소급하여 3년간의 연평균 전국 주택매매 가격 상승률보다 높은 지역입니다.

주택투기지역으로 지정되면 토지투기지역과 마찬가지로 투기지역 내 부동산 양도 시 기준시가 대신 실거래가액으로 양도소득세를 과세하게 되며, 필요시 기본세율의 ±15% 범위 내에서 중과세를 하게 됩니다.

또한 주택담보대출 시 신규주택담보대출은 1건으로 제한받게 되며, 주택담보대출비율인 LTV가 60%에서 40%로 하향 조정됨과 동시에 총부채상환비율인 DTI 규제도 받게 됩니다(6억 초과 시 40% 적용).

Tip 주택의 경우 현재에도 1년 이내 단기양도, 미등기양도, 1세대 3
주택 이상 보유, 고가주택에 대하여는 실거래가액으로 과세되고
있습니다. 또한 지정지역으로 주로 1세대 2주택인 경우와 1세대
1주택의 특례요건을 갖추지 못한 경우에는 기준시가 대신 실거
래가액으로 과세됩니다.

Tip 2008. 11. 7 기준 토지투기지역은 모두 해제되었으며, 주택투기
지역의 경우 서울시의 강남구, 송파구, 서초구 3개 지역만 지정
되어 있습니다.

3) 투기과열지구

투기과열지구란 주택가격 상승률이 현저히 높은 지역으로서 주택가격
안정을 위하여 국토해양부장관 또는 시·도지사가 일정한 구역을 지정
할 수 있습니다.

투기과열지구의 지정기준은 2개월간 청약경쟁률이 5:1을 초과하는 경
우(국민주택규모 이하 주택 청약 경쟁률이 10 대 1을 초과하는 경우),
주택사업계획승인이나 주택건축허가 실적이 최근 수년간 급감하여 주택
공급이 위축될 우려가 있거나, 분양계획이 전월 대비 30% 이상 감소하
는 경우, 주택의 전매행위 성행 등으로 주거불안의 우려가 있는 경우
등의 요인이 있을 경우 투기과열지구로 지정하게 됩니다.

※ 투기과열지구 지정 시 제한사항

가) 분양권 전매 제한(소유권이전등기 시까지 전용면적 85m² 이하는 5년, 85m² 초과는 3년) 단, 지정 이전에 분양권 소유자는 한 번의 전매가 가능하며, 분양권을 매수한 사람은 소유권이전등기가 완료되기 전까지 전매할 수 없습니다. 또한 수도권·충청권을 제외한 지역의 경우에는 1년이 경과할 때까지 분양권 전매 제한이 있습니다.

나) 신규주택의 5년 이상 무주택세대주에 대해 우선 공급하게 됩니다.

다) 청약 1순위 자격 제한(1가구 2주택자, 5년 내 당첨사실이 있는 자, 2002. 9. 5 이후 청약예금·부금가입자로서 세대주가 아닌 자는 청약의 제한이 있습니다.)

라) 주상복합건물, 오피스텔의 공개 추첨 분양

마) 지역조합조합원 선착순 모집 금지 및 조합원 지위 양도 금지

Tip 투기과열지구 지정제도와 별도로 분양가상한제 적용주택의 경우 전매행위 제한기간이 따로 있습니다(주택법 제41조의 2, 동법시행령 제45조의 2).
• 과밀억제권역 및 성장관리권역에서 전용면적 85m² 이하는 10년, 85m² 초과는 5년
• 기타 지역의 경우 전용면적 85m² 이하는 5년, 85m² 초과는 3년

Tip 분양 아파트를 매입할 경우도 분양권 전매 금지의 적용을 받지 않습니다. 분양권 전매 금지를 적용받는 경우는 아파트 분양 공

고 절차를 거쳐 업체가 정한 순위별 청약일에 청약해 당첨된 경우(신규분양)에만 적용됩니다.

4) 주택거래신고구역

투기지역 중 주택에 대한 투기가 성행하거나 성행할 우려가 있다고 판단되는 지역으로서 주택정책심의위원회의 심의를 거쳐 국토해양부장관이 정하는 지역입니다.

주택거래신고구역에서 주택거래가 있는 경우 거래당사자는 주택거래 내용을 계약일로부터 15일 이내에 시장, 군수, 구청장에게 신고할 의무가 발생하고, 신고기간 내 신고하지 아니하거나 해태(게으름) 또는 허위 신고자에 대하여는 과태료가 부과됩니다.

※ 주택거래신고기준
- 전용면적 60m²를 초과하는 아파트
- 전용면적 150m²를 초과하는 연립주택
- 재건축·재개발 구역 안에 있는 모든 아파트 및 연립주택

🅣ip

* 재건축·재개발 정비구역 안에 있는 아파트 및 연립주택이 철거·
  멸실된 때에는 신고대상에서 제외되나, 건축물관리대장이나 건물등
  기부상 멸실 정리가 되지 아니하면 신고대상이 됩니다.
* 주택거래신고구역의 단독주택 및 거주용 오피스텔 등은 신고대상주

택이 아닙니다.

※ 주택거래 신고 시 제출서류
• 주택거래계약신고서(별도 양식이 있음)
• 주민등록표등본 등 신고인이 본인임을 알 수 있는 서류
• 거래계약서 사본 등 당해 주택거래계약을 증명하는 서류
• 건물등기부등본

<주택거래신고구역 지정현황 2008. 11. 7 기준>

구분	지정지역	지정일
서울시	강남구(세곡동 제외)	'04. 4. 26
	송파구(풍납동 제외)	
	서초구(내곡, 염곡, 원지, 신원동 제외)	'05. 3. 28

5) 검인계약서

부동산등기특별조치법에 따라 지자체 장의 검인(확인도장)을 찍은 부동산매매계약서로서 지방세 등 세금 납부 및 등기 시에 제출하여야 합니다.

검인계약서가 따로 있는 것은 아니며 부동산매매계약서를 시·군·구청(민원실 부동산상담 창구)에서 '검인(도장)'을 받는 계약서를 검인계약서라 합니다. 검인계약서는 보통 5부를 받게 되는데 1장은 시·군·구청에, 2장은 등기신청(소유권이전)에, 1장은 세무서에(양도신고대상 부동산의 경우), 1장은 법무사 사무실 보관용으로 쓰입니다.

82

검인의 대상은 원칙적으로 모든 소유권이전 계약의 경우 받아야 합니다.

※ 검인을 받아야 하는 경우
• 매매 · 교환 · 증여계약서, 명의신탁해지약정서, 공유물분할계약서, 양도담보계약
• 명의신탁해지를 원인으로 하는 판결서, 집행력 있는 판결서, 확정 판결과 동일한 효력이 있는 조서(화해, 인락, 조정조서)
• 가등기에 기한 본등기
• 재산분할판결에 의하여 이혼당사자 중 일방이 그의 지분에 대한 농지 · 소유권이전등기를 신청하는 경우
• 공공용지취득협의서에 의한 소유권이전등기
• 미등기 건물에 대한 아파트분양계약서
• 무허가건물

※ 검인을 받지 않아도 되는 경우
• 수용, 상속, 취득시효, 권리포기 등을 원인으로 한 소유권이전
• 소유권이전청구권보전의 가등기
• 계약의 일방 당사자가 국가 또는 지장자치단체인 경우
• 경락 또는 공매를 원인으로 한 소유권이전등기
• 국토이용관리법 제27조 4항의 규정에 의하여 (토지거래) 허가증을 교부받은 경우
• 소유권이전등기말소신청의 등기원인증서가 '매매계약해제증서'인 경우

3. 인터넷 등기

대법원 인터넷등기소(http://www.iros.go.kr/)를 통하여 부동산 소유권이
전등기뿐만 아니라 부동산 관련 등기를 개별 부동산 거래자들이 직접
신청할 수 있게 되었습니다. 그러나 신청절차의 복잡성으로 인해 현재
까지 다수가 이용하고 있지는 않지만 향후 많은 이용이 있을 것으로 생
각됩니다.

'인터넷등기전자신청'에 대한 이용방법은 대법원 인터넷등기소 홈페
이지 화면 우측 하단에 '부동산전자신청'을 클릭하시면 자세히 나와 있
습니다. 참고하세요.

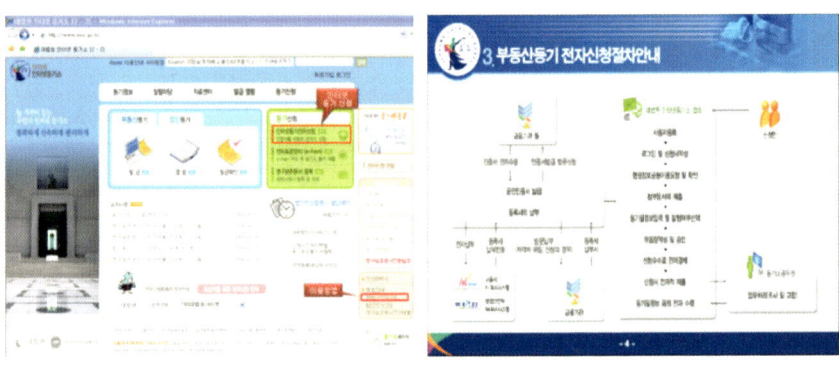

출처: 대법원

Chapter 3

부동산 투자 Know- how

Part 1

아파트는 일석이조의 투자 상품이다

우리나라에서 아파트는 주거용도뿐만 아니라 투자자산으로서의 의미를 가집니다. 사실 우리나라 아파트의 구조 및 편리성은 전 세계적으로 인기가 많이 있습니다. 다만, 아파트의 미적인 디자인을 고려하지 않고 대부분의 아파트의 내·외관이 비슷하다는 것이 아쉬운 점입니다.

그 이유를 살펴보면 이미 책 앞부분에서 보았던 용도지역의 용적률과 무관하지 않기 때문입니다. 아파트 건설업자는 단기간에 높은 개발이익을 얻기 위해 최대한의 용적률을 적용하고, 건축기간의 단축과 비용 등을 고려하여 단순한 구조로 건축할 수밖에 없었다고 생각합니다.

그렇다 하더라도 지금의 아파트는 재산을 증식하는 투자자산으로서의 가치가 있다는 것은 명백한 사실입니다. 또한 개개인의 성향 및 취향에 따라 선호하는 아파트가 다를 수 있다는 것을 전제로 주요 아파트 구입 요령에 대해 살펴보겠습니다.

1. 아파트 구입요령

1) 브랜드

아파트 브랜드는 현시점에서 아파트의 분양가격과 매매가격을 형성하는 데 가장 중요한 요소일 것입니다. 일반적으로 시공사(건설회사)의 브랜드에 따라 평당 분양가가 많게는 30~40% 높게 형성되기도 합니다. 이렇게 조성된 분양가는 추후 매매가격에도 영향을 미치게 됩니다.

🅣ip 주요 시공사 브랜드명

　　　삼성물산(주) - 來美安(래미안)

　　　(주)대우건설 - 푸르지오, 트럼프월드

　　　현대건설(주) - 홈타운, 하이페리온, 힐스테이트

　　　대림산업(주) - e - 편한 세상, 아크로타워

　　　지에스건설(주) - 자이(Xi)

　　　현대산업개발(주) - 아이파크(i - park)

　　　(주)포스코건설 - 더샵(the #)

　　　롯데건설(주) - 캐슬, 樂天臺(낙천대)

　　　금호산업(주) - 어울림

　　　두산산업개발(주) - 위브

　　　SK건설(주) - 뷰, 허브

　　　쌍용건설(주) - 스윗닷홈

　　　(주)동일토건 - 동일하이빌

2) 세대수

아파트 세대수는 개별 단지 내의 총세대수를 말합니다. 단지 세대수가 많은 아파트를 선호하는 것은 그만큼 심리적인 요인이 큰 비중을 차지합니다.

일반적으로 아파트 단지 규모가 클 때 외부적인 가격의 변화에 대한 민감도가 적은 편입니다. 이는 일정규모 단지의 거래빈도가 상대적으로 높기 때문에 가격변동에 대한 예측 및 대처가 용이할 수 있습니다. 또한 부동산 경기 악화에 따른 아파트 가격하락에 있어서 아파트 소유자들의 일정 가격 지지선이 형성되어 상대적으로 소규모 단지에 비해 큰 폭으로 하락하지 않습니다(단, 강남 일부 지역의 경우 투자목적보다는 투기목적이 강하므로 가격 변동 폭이 크게 됩니다).

이에 비해 흔히 '나 홀로 아파트'라 불리는 1개~2개 동으로 구성된 아파트는 선호도가 떨어지기 때문에 수요가 많지 않아 가격상승을 좀처럼 기대하기 어렵습니다.

또한 대단지 아파트를 매도하거나, 전세 등 임차 목적일 경우에도 주변 소규모 단지보다 수월하며 거주 선호도가 높은 측면이 있습니다.

Tip 서울시 지역은 최소한 500세대 이상, 그 외 지역 1,000세대 이상의 아파트 단지를 구입하는 것이 유리합니다.

3) 아파트 구조

① 아파트 외부 구조

과거에는 아파트 외관보다는 내부구조 및 인테리어에 중점을 두었기 때문에 외관은 관심에서 멀었지만, 최근 지역의 랜드마크적인 요소가 강하게 부각되면서 아파트 외관도 중요한 선택사항이 되어 가고 있습니다. 이렇듯 아파트의 외관은 구매자의 구매 욕구를 상승시키며, 외부적으로 해당 아파트의 가치를 증대시켜 선호도를 높이는 요인으로 작용하고 있습니다. 이는 결국 아파트의 가치를 상승시켜 가격 경쟁력이 높아지게 됩니다.

최근에 용적률 및 고도제한이 완화되어 초고층아파트의 등장으로 도시 미관을 해칠 뿐만 아니라 교통 혼잡을 유발하는 등 다양한 문제점이 야기되고 있음에도 불구하고 상대적으로 가격이 높게 형성되고 있는 점도 눈여겨볼 필요가 있습니다.

주거용도로서 아파트는 편리성, 쾌적성, 접근성 등에 주안점을 두고 살펴보는 것이 장기적이고 안정적인 구입요령입니다.

예) 아파트 단지 배치도

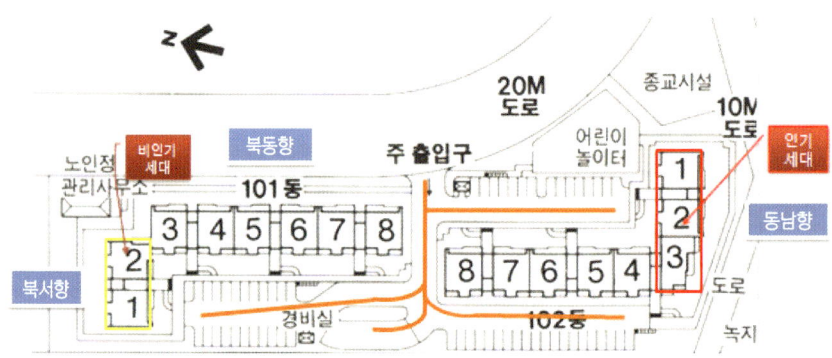

이 아파트는 전체 2개 동, 160세대로 규모가 작아 가격대가 주변에 비해 상대적으로 낮을 것으로 판단됩니다. 또한 동 구조가 'ㄱ'자 구조로 사생활 보호가 취약한 구조를 가지고 있습니다. 단, 배치도상으로 엘리베이터(승강기) 양쪽으로 세대를 배치해 계단식 아파트이며, 이 아파트에서 가장 선호도가 높은 세대는 102동 2호 라인으로 향은 동남향이며, 전면으로 녹지가 조성되어 있어 쾌적성이 높아 상대적으로 가격이 높을 것으로 추정됩니다. 한편 101동 1, 2호 라인은 북서향으로 하루 종일 햇빛이 거의 들지 않아 냉·난방비가 높게 나올 것이며, 특히 2호 라인은 후면부가 101동 전면 라인에 방해를 받아 통풍에도 취약할 것으로 보입니다. 또한 차량출입과 보행자의 이동 동선이 같기 때문에 차량 사고의 위험성이 있을 것으로 보입니다.

결과적으로 이 아파트에서 102동 1, 2, 3호 라인 아파트를 구입하시는 것이 유리하며, 추후 부동산 거래 시 상대적으로 유리할 수 있습니다.

※ 상대적으로 선호도가 높은 아파트

- 아파트 내의 이동 동선(주차장 진·출입로, 보행자 동선 등)
- 보행자 중심의 동선
- 아파트 단지 배치(이동 동선, 동 간격, 사생활 보호, 일조권, 쾌적성 등)
- 조경 및 조망권(녹색공간의 조성, 단지 공원, 조망권 등)
- 아파트 내 녹지 공간 30% 정도 이상을 선호, 저층보다는 고층을 선호

※ 선호도가 떨어지는 아파트 구조

- 소규모 아파트 단지(나 홀로 아파트)
- 오래된 아파트(재건축 진행 제외), 아파트의 구조가 'ㄱ' 자형이나 'T' 자형으로 지어진 아파트는 사생활의 노출 위험이 있어 기피함.
- 대규모 단지라도 전용면적 85㎡ 이하의 소형 평형 중심의 아파트 단지
- 주변 개발(재건축, 재개발 등) 호재가 없는 지역

② 아파트 내부구조

아파트 내부구조에 따라 같은 30평형대라 하더라도 어느 집은 상당히 넓게 느껴지는 반면 또 다른 집은 좁게 느껴지기도 합니다. 아파트 내부구조는 실제 생활과 밀접한 관련이 있기 때문에 가장 중요하게 고려해야 하는 부분입니다.

또한 침대, 냉장고, 소파, 책상 등 생활가구의 배치에 따른 충분한 동선이 확보될 수 있는지 여부도 꼼꼼히 살펴보셔야 합니다. 사실상 똑같은 면적이라도 가구가 없는 아파트가 더 넓게 느껴지기 때문에 막상 입주를 하거나 이사를 했을 때 가구 배치로 인한 고민이 발생하는 경우가 많습니다. 따라서 현재 사용하고 있는 가구의 크기 및 배치를 고려하여 계약하는 것이 바람직합니다.

Tip – Bay

3 – Bay(방 – 거실 – 방)와 4 – Bay(방 – 방 – 거실 – 방)란 의미는 아파트에 햇빛이 들어오는 면(ex 거실 발코니)에 접해 있는 방의 개수를 뜻합니다. 따라서 일정규모 이상의 평형별로 제한이 따르게 되며, 일반적으로 Bay 수가 높을수록 채광 및 통풍, 조망이 좋아지는 장점이 있지만 거실 및 방의 규모가 적어지는 경향이 있으며, 일자형 배치로 동선거리가 길어지는 단점이 있습니다.

3 – Bay(33평형)   4 – Bay(33평형)

그러나 대부분의 아파트의 내부구조는 거의 비슷하기 때문에 실제로 입주를 희망하는 개개인의 성향과 판단이 가장 중요한 요소입니다.

Tip 전용면적, 공용면적, 분양면적, 계약면적, 서비스면적

- 전용면적이란 방, 거실, 주방 등 세대가 독립적으로 이용하는 전유부분으로 아파트 순수의 내부면적을 말합니다.
- 주거공용면적은 1층 현관, 복도, 계단 등 아파트 건물 내의 다른 세대와 공동으로 이용하는 면적을 말합니다.
- 공급면적은 전용면적에 주거공용면적을 더한 면적을 말하며, 바로 이 공급면적이 분양받을 때 몇 평형이라 하는 것을 말합니다(* 분양면적을 기준으로 관리비가 산정됩니다).
- 계약면적은 공급면적과 기타 면적(지하층, 관리사무소, 노인정 등의 부속건물의 면적)을 합한 면적을 말합니다.
- 서비스면적은 외부와 접하는 앞뒤 발코니(베란다)처럼 따로 덧붙여 주는 서비스(용적률에 포함되지 않음)면적으로 같은 평형대 아파트 내부 면적은 거의 비슷해 전용면적은 차이가 없지만 서비스면적에 따라 확장 및 활용 등 이용가치가 달라져 아파트 가격형성에 영향을 주게 됩니다.

예)

전용면적	84.63m²(25.60평)
공급면적	108.09m²(32.70평)
계약면적	130.55m²(39.49평)
지하주차장	22.46m²(6.79평)
서비스면적	27.43m²(8.30평)
주거공용면적	23.46m²(7.10평)
기타 설명	10세대

108.09m²

4) 조망권과 방향

아파트 가격형성의 주요 원인 중 하나가 층과 방향입니다. 흔히 로열층이라 일컫는 층은 과거 전체 층의 3/4 지점(15층 기준 5 ~ 10층에 해당하는 아파트)을 로열층이라 했지만 요즘은 최고층을 중심으로 고층화되고 있는 추세입니다. 이는 조망권과 쾌적성을 중시하는 흐름과 무관하지 않습니다.

특히 웰빙 열풍과 환경친화적인 주거형태를 선호하면서 조망권에 대한 가격 프리미엄이 상당히 상승하였습니다. 서울지역의 경우 한강 조망권을 가진 층과 그렇지 않은 층의 가격 차이가 수억 원이 되기도 합니다.

또한 일조권 및 통풍과 관련 있는 아파트의 방향에 따른 가격 차이도 많은 것이 사실입니다. 일반적으로 남향과 북향의 경우 약 10 ~ 15% 정도의 가격 차이가 발생하며, 남향과 동향의 경우에는 약 5% 정도의 가격 차이가 발생한다고 합니다. 남향을 선호하는 이유는 여러 가지가 있지만 겨울철 남향이 북향보다 30% 정도 난방비 절감 효과가 있다고 합니다.

남향은 하루 종일 해가 들어와 집안이 밝고, 통풍이 잘되며, 여름철에는 햇빛이 집안으로 적게 들어와서 시원하고 겨울철에는 햇빛이 집안으로 많이 들어와 냉·난방비가 절약되는 장점이 있습니다. 그러나 대부분 북쪽에 위치한 부엌 쪽은 해가 들지 않아 거실과 주방의 온도 차이가 발생하며, 직접적으로 햇빛이 들어오기 때문에 자외선에 노출이 가장 많고, 해 지는 노을을 볼 수 없다는 단점이 있습니다.

동향은 새벽부터 해가 집안 깊숙이 들어와 아침햇살을 받을 수 있지만 낮 시간에는 해가 들지 않는 단점이 있습니다. 반면 오후에는 다시 석양 햇살을 받고 노을을 감상할 수 있습니다. 그러나 완전 정동향보다는 동남향 아파트의 선호도가 증가하는 추세입니다.

🄣ip 향 선호도

남향 〉남동향 〉남서향 〉동향 〉서향 〉북향 〉북동향 〉북서향 순서로 남향, 남동향의 선호도가 제일 높음.

5) 접근성 및 지역 여건

아파트를 비롯하여 부동산을 구입하는 데 있어서 접근성은 가장 중요한 결정요소 중 하나입니다. 접근성이란 단순히 교통의 이용이 편리한 지역뿐만 아니라 서울 도심, 강남지역, 공항, 공원, 병원, 백화점, 대형마트, 학교(학군), 한강, 대형 학원, 관공서 등 구매자가 목적으로 하는 곳에 얼마만큼 쉽고 편리하게 이동할 수 있는지를 나타내는 지표입니다.

접근성을 측정하는 가장 일반적인 척도는 거주지에서 회사까지 출퇴

근하는 기준이 대표적입니다. 따라서 지하철역이 가깝고 대중교통의 이용이 편리한 지역이 최고의 접근성을 가지고 있다고 볼 수 있습니다. 또한 도로의 진출입이 용이하고 다른 지역으로 이동하기가 쉬운 지역이 상대적으로 부동산 가격이 높습니다.

수도권 지역에서 역세권과 비역세권의 가격 차이는 약 100:70 정도입니다. 따라서 아파트 선택 시 교통 특히 지하철 역세권(지하철역에서 도보 5분 이내의 지역, 반경 약 300~400m) 아파트를 선택하는 것이 바람직합니다.

6) 기타 고려사항

아파트 건축년도, 단지 내 편의시설, 난방공급방식(지역난방(중앙공급식), 개별난방), 소음 및 먼지 정도, 어린이 놀이터 규모 및 위치, 보안시스템, 관리비 내역, 가구당 주차대수, 주변 기피시설 여부(쓰레기장, 발전시설, 변전소, 오수 펌프장, 주유소 등) 등 다양한 주변 환경을 고려해야 합니다.

2. 인터넷정보를 이용한 아파트 투자

1) 자산규모 파악

부동산(아파트)을 구입하기 위한 가장 기초적인 것이 구입에 필요한 유효자금동원력입니다. 즉, 현금화할 수 있는 자산이 있어야 합니다.

또한 부동산 구입의 일정부분 대출을 이용할 경우에는 대출 가능금액 및 대출금 상환에 따른 원리금 부담 여부도 미리 꼼꼼하게 살펴보셔야 합니다.

※ LTV(loan to value)
부동산 가치에 대한 대출금 비율
(투기지역 강남, 서초, 송파 지역은 40% 적용, 그 외 60%)
예) LTV 기준이 60%일 때 1억 원 하는 아파트는 6천만 원까지 대출이 가능함.

※ DTI(debet to income)
소득에서 차지하는 부채상환비율
연소득에서 연간 대출 원리금(이자＋원금)에 상환되는 비율
예) DTI 기준이 40%일 때 연 소득이 3천만 원이라면 연간 상환액 합계가 1,200만 원까지 대출이 가능함.
☞ 원리금 상환액이 월 100만 원 한도 내에서 대출이 가능함.

2) 지역 선택

지역 선택은 개개인의 특성에 따라 상당한 차이가 있습니다. 예를 들어 출퇴근이 쉬운 지역으로 교통 이용이 수월한 지역, 공원, 조망 등 자연환경적인 요소, 자녀들의 교육환경, 아파트 가격상승을 기대할 수 있는 지역 등 지역 선택 조건은 다양합니다.

부동산을 통한 자산증식의 목적을 배제할 수 없기 때문에 지역의 개발 현황(재건축, 재개발, 뉴타운 등), 주변 개발계획(신규 도로계획, 도시개발 등), 국가정책(국토종합 개발계획 등) 등 각종 지역에 대한 정보취득과 부동산 경기 흐름에 관심을 기울일 필요가 있습니다.

이러한 종합적인 정보를 토대로 특정 지역을 선택하게 됩니다.

① 광역개발 및 도시개발계획의 확인

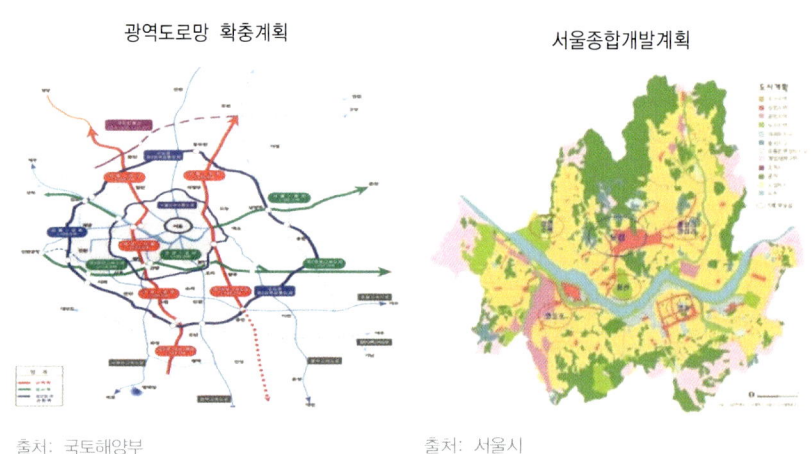

광역도로망 확충계획   서울종합개발계획

출처 : 국토해양부   출처 : 서울시

예) 2020년 서울시 도시기본계획에 따라 청계천 구간을 포함한 1개 도심과 왕십리 청량리, 영등포, 영동, 용산, 상암 등 5개 부도심, 11개 지역중심, 53개 지구중심으로 권역별로 집중 개발된다.

② 역세권 및 접근성, 지역 개발 요인 등

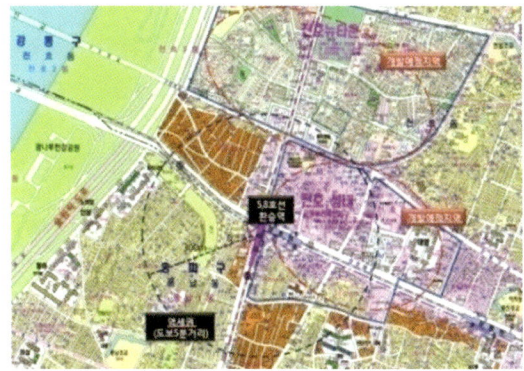

Memo
도시개발계획도 및 '파란지도'상
에 표시된 개발지구지정정보를
참조하세요.

Memo
주변 지하철역으로부터 거리,
주변 생활편의시설, 지역개발
성숙도 등을 인공위성사진이
나 '다음 로드뷰'를 이용하여
주변 환경을 분석하세요.

3) 아파트 물건 비교 검색

앞서 살펴본 개인의 자금규모를 파악하고 선호하는 지역을 선택했다면 이제는 해당 지역의 아파트 물건에 대한 정보를 수집하는 것이 중요합니다.

부동산 포털사이트를 통한 아파트정보를 얻는 방법은 앞부분에서 설명하였습니다. 특정지역의 개별 아파트에 대한 정보를 서로 비교하면서 점차 구입대상 아파트를 결정할 수 있습니다.

4) 가격정보

실제로 아파트를 결정하는 가장 큰 기준은 가격의 적정성일 것입니다. 아무리 좋은 아파트라 하더라도 가격이 상대적으로 비싸면 구입하는 데 있어 망설일 것입니다. 따라서 정확한 가격을 알아보는 것이 중요하지만 해당 아파트의 주민이 아닌 이상 적정 가격을 추정하기가 쉽지 않습니다.

아파트에 대한 가격정보는 해당 아파트의 인근 부동산중개업소를 통해 얻게 되는데, 사실 부동산중개업소의 가격은 어느 정도 변동 폭이 있으므로 사전에 현장 답사 및 주변 아파트 시세 등 대략적인 가격을 알아보시는 것이 반드시 필요합니다.

또한 부동산물건 정보 및 아파트실거래가격을 참조하여 사전에 충분한 가격정보를 가지고 현장답사를 하셔야 합니다.

3. 아파트 분양 신청

아파트 공개 모집 대상은 전국의 20세대 이상의 공동주택, 20호 이상의 단독주택의 경우 분양승인을 받아야 합니다.

국민 대다수가 가입하고 있는 청약통장은 아파트 공개모집 기준을 충족하고, 추가하여 분양프리미엄을 얻기 위해 사용됩니다.

또한 2009년 5월 6일부터 기존의 청약통장을 통합하는 주택청약종합통장의 출시로 더욱더 관심이 고조되고 있습니다. 이에 기존의 청약통장과 주택청약종합통장의 기본적인 내용을 살펴보도록 하겠습니다.

1) 청약가점제

청약가점제는 실수요자(무주택자) 위주의 분양정책으로 평형에 관계없이 무주택기간(만점 32점), 부양가족수(35점), 청약통장 가입기간(17점) 등 세 항목의 점수 합계로 구성되며, 별도의 가중치가 없습니다.

<청약가점제 항목과 점수>

무주택기간		부양가족수		청약가입기간	
가점기준	점수	가점기준	점수	가점기준	점수
1년 미만	2	0명	5	6월 미만	1
1년 이상~2년 미만	4	1명	10	6월 이상~1년 미만	2
2~3년	6	2명	15	1~2년	3
3~4년	8	3명	20	2~3년	4
4~5년	10	4명	25	3~4년	5
5~6년	12	5명	30	4~5년	6
6~7년	14	6명 이상	35	5~6년	7
7~8년	16			6~7년	8
8~9년	18			7~8년	9
9~10년	20			8~9년	10
10~11년	22			9~10년	11
11~12년	24			10~11년	12
12~13년	26			11~12년	13
13~14년	28			12~13년	14
14~15년	30			13~14년	15
15년 이상	32			14~15년	16
				15년 이상	17

Memo
청약가점제는 이전의 추첨방식과 병행해서 진행되며, 무주택기간이 길수록 상대적으로 점수가 높게 됩니다.

① 무주택기간

무주택자 조건은 입주자모집공고일 현재 세대주 및 세대원 전원(배우자의 직계존속 포함)이 무주택자여야 합니다. 또한 무주택기간은 세대주(가입자)와 그 배우자의 무주택기간을 산정하여 정하며, 무주택기간은 만 30세를 기산점으로 하되 30세 이전에 혼인한 경우 혼인신고한 날부터 기산합니다.

② 부양가족수

부양가족은 동일한 주민등록 등본에 등재된 직계 존비속(배우자의 직계존속 포함)으로 구성됩니다. 단, 직계존속을 부양하는 경우에는 세대주로서 3년 이상 계속 부양해야 하고 자녀는 미혼 자녀로 한정됩니다.

③ 가입기간

입주자모집공고일 현재 청약 신청자의 청약통장 가입기간을 뜻합니다.

예) 이몽룡은 5년 전 결혼을 하면서 본가로부터 세대분리하면서 청약저축에 가입해 매월 5만 원씩 납입을 해 왔다. 현재 3살 된 딸과 1살 된 아들이 있다. 이 경우 청약가점 점수는?

☞ 무주택기간점수 10점, 부양가족점수 20점, 청약가입기간점수 6점, 총 36점

④ 공급기준

청약가점제는 전용면적 85m² 이상 공급물량의 최대 50%, 85m² 이하 주택에서 최대 75% 적용할 수 있습니다. 또한 가점이 높은 청약자순으로 당첨자를 선정하기 때문에 무주택기간이 짧고 청약통장 가입 기간이 짧은 젊은 직장인들이나 부양가족이 적은 신혼부부 등은 새 아파트 당첨조건이 훨씬 불리할 수도 있습니다. 그렇기 때문에 가점제 대상보다는 추첨방식으로 공급되는 주택을 알아보시는 것이 유리합니다.

<청약가점제 공급기준>

구분		공공택지			민간택지	
		공공주택	민영주택		민영주택	
85m² 이하 주택	저축종류	청약저축	청약예·부금		청약예·부금	
	저축방법	순차제 (현행유지)	가점제 (75%)	추첨제 (25%)	가점제 (75%)	추첨제 (25%)
85m² 초과 주택	저축종류	청약예금				
	청약방법	① 채권매입예정금액 우선 적용				
		② 채권매입예정금액이 같은 경우 가점제·추첨제 병행				
		가점제 (50%)	추첨제 (50%)	가점제 (50%)	추첨제 (50%)	가점제 (50%)	추첨제 (50%)

2) 주택청약종합통장

주택청약종합통장은 기존의 청약저축, 청약부금, 예금의 기능을 통합한 주택청약종합통장으로 주택소유 여부와 연령에 관계없이 누구나 가입이 가능하며 모든 주택의 청약이 가능하게 되었습니다. 단, 청약 시 각 주택별 일정자격요건은 충족해야 하며, 기존 가입된 통장과는 중복 사용이 안 됩니다.

〈청약통장의 비교〉

구분	청약저축	청약부금	청약예금	주택청약종합통장
대상지역	전국	시·군 지역 (103개 지역)	시·군 지역 (103개 지역)	전국
가입대상	무주택 세대주	20세 이상 개인	20세 이상 개인	제한 없음. (단, 20세 이하 불입은 2년만 인정되며 청약자역도 20세부터 가능함.)
저축방식	매월 일정액 납입	매월 일정액 납입	일시금 예치	매월 일정액 납입과 일정금액이 되면 예치금으로 간주함.
저축금액	월 2만~10만	월 5만~50만	200만~1,500만	월 2만~50만 (저축에 청약 시 매월 10만 원까지만 불입으로 인정함.)
청약대상	전용 85m² 이하 민영주택	전용 85m² 이하 민영주택	모든 민영주택	모든 주택 (단, 가입자별 요건에 따라 청약 대상 주택이 틀려짐.)
	국민주택기금을 지원받아 민간업체가 건설하는 중형주택(전용 60~85m²)			
1순위 자격	가입 2년 이상이면서 24회 이상 납입	가입 2년 이상이면서 지역별 기준금액 이상 납입	가입 2년 이상으로 지역별 기준금액 이상 예치	가입 2년 이상 시 청약저축, 청약부금 대상 주택 1순위 또는 가입 2년 이상으로 예치금이 지역별 기준금액 이상이면 모든 민영주택 1순위

① 기존 청약통장 가입자

기존의 가입자라면 기존 청약통장을 해지한 후에 종합통장 가입이 가능합니다. 해지하게 되면 기존에 1순위 자격이 있었다 하더라도 모두 상실됩니다. 따라서 기존통장을 그대로 보유하시는 것이 유리합니다.

그러나 신규가입자 또는 가입한 지 몇 달 되지 않았다면 종합통장으로 새롭게 가입하거나 갈아타는 것이 유리합니다.

② 주택청약을 위한 1순위 자격요건

청약통장의 기능이 모두 동합되었다고 하더라도 청약하려면 각 주택별 청약에 해당되는 일정요건에 충족되어야 합니다(무주택 세대주 요건에 가입기간 2년 이상, 24회 이상 납부해야 청약이 가능함).

③ 납입방식

납입식과 예치식 모두 가능하며, 납입식은 월 최소 2만 원, 최대 50만 원을 2년 적립하면 청약저축 1순위 자격이 부여되고, 기존 불입한 적립금액에다가 일정금액을 추가로 일시에 예치하면 민영주택 청약자격 1순위도 받을 수 있습니다.

④ 기존 청약저축 가입자 보호제도

기존 청약저축은 10만 원 한도로 납입하고 주택청약종합저축은 최대 50만 원까지 납입이 가능합니다. 따라서 2년 이상 된 1순위자 선정에서 납입총액을 기준으로 할 경우 순위가 바뀔 수 있습니다. 이를 방지하기 위해 주택청약종합저축 가입자가 85m² 이하 국민주택 등의 청약의 경우 월 납입액 10만 원까지만 인정됩니다.

Tip 만 20세 이하 유의사항

미성년자도 가입이 가능하며 만 20세 이하 불입 횟수는 24회(금액 최고 1,200만 원)까지만 인정하고, 청약은 20세 이후에만 가능하도록 했습니다. 이는 미성년자 증여 시 현행법상 세금면제금액인 1,500만 원 이하이므로 증여수단 중 하나의 방법으로 이용할 수 있게 되었습니다.

Part 2

다세대 · 단독주택 가격 산정 Know - how

실거래가를 어느 정도 파악할 수 있는 아파트와는 달리 다세대, 단독주택의 경우에는 가격정보를 얻는 데 한계가 있으며, 비교 사례가 부족하고, 건물의 개별성이 강해서 구매자의 판단이 가장 중요하게 작용합니다. 특히 고급빌라 및 고급주택의 경우 더더욱 가격을 산정하기가 어렵습니다. 따라서 개별성이 강한 단독주택(다가구주택 포함), 다세대의 가격을 평가하는 것이 중요한 일입니다.

1. 다세대 · 주택의 가격

소규모 연립, 다세대나 일반 주택의 경우 가격 산정을 하는 데 있어 정보취득의 어려움이 있습니다. 지역 부동산 중개업소에서 제시하는 가격과 주변 거래 사례를 비교하여 추정하는 것이 일반적입니다.

그러나 부동산 투자 시 단순히 부동신중개업소에 의지해 가격을 결정하는 것보다는 구매자가 개인적인 가격기준을 산정하는 것이 올바른 부동산 구매에 반드시 필요합니다.

일반 주택의 경우 토지가격과 건물가격의 합산가격으로 산정하게 되는데, 건물가격은 건축 후에 감가상각이 이루어지기 때문에 건축년도가 상당히 중요합니다.

감정평가사는 부동산의 가격을 평가하는 것을 주업으로 하기 때문에 경매가격, 보상가격, 담보가치 등을 평가하게 됩니다. 그러나 일상생활에서 매번 감정평가사에 의뢰한다는 것은 불가능한 일입니다.

이에 기본적으로 적용할 수 있는 방법을 살펴보겠습니다. 부동산 감정평가의 방식으로 원가방식, 비교방식, 수익방식을 사용하고 있습니다. 일반적으로 주변 거래 사례를 바탕으로 하는 것이 비교방식이며 이 경우 재건축/재개발 지역, 주변 지역의 급격한 가격 상승 등의 지역 프리미엄이 존재하는 지역으로 원가방식이나 수익방식을 적용하기 곤란한 경우에 이용하는 것이 좋습니다.

2. 가격 측정

다음의 방법은 감정평가방식이 아닌, 제가 부동산 투자 시 사용하는 개인적인 방법입니다.

예) 주택 가격 산정 방법

- 주택의 용도지역: 제2종 일반주거지역

  (서울시 제2종 일반주거지역의 용적률은 200%임.)

- 주택의 토지면적(or 대지지분): 50평

- 주택의 연면적(or 분양면적): 100평(건축경과 8년)

- 준공 시 건축비: 150만 원/평(감가상각 매년 10%씩 적용)

- 현재 주변 아파트 평당 매매가격(or 분양가격): 1,700만 원/평

- 현시점 아파트 표준 건축비: 약 480만 원/평

  (2008년: 1,441,000원/m²(건설교통부 고시))

- 아파트 건축 부대비용 및 사업이익: 평당 매매가격의 약 25%

☞ 주택의 최대 매입 금액은?

① 주택의 토지면적 50평×(용적률)200% = 100평

② ①×아파트 평당 가격 1,700만 원 = 17억 원

③ ② − {건축비(100평×480만 원) + 부대비용(②×25%)}

  = 7억 9천5백만 원

④ ③ + {연면적 100평×건축비 150만 원×(1 − 0.8)}

  = 8억 2천5백만 원

⑤ ④÷토지면적 50평 = 1,650만 원(평당 구입가격)

☞ 이 주택의 최대 매입 가격은 취·등록세 및 각종 수수료(약 4%)
를 차감한 약 7억 7천만 원입니다.

가격을 산정하기 위한 가장 좋은 방법은 바로 동일지역의 유사물건의 거래 사례를 비교하는 것입니다. 그러나 유사물건을 찾기가 쉽지 않으므로, 가격정보가 풍부한 아파트를 기준으로 가격을 역산하는 것입니다.

　이 기준은 재건축, 재개발 지역의 단독주택의 경우 아파트로 대체했을 때의 가치를 평가한 것입니다. 따라서 해당 주택의 토지가격, 건물가격(감정평가율 적용), 용적률을 반드시 알아야 하며, 주변 아파트의 매매시세, 표준건축비, 부대비용의 정도를 알게 되면 쉽게 역산하실 수 있습니다.

　이 방법은 부동산 개발회사가 부지를 평가하는 기본적인 방법으로 일반 주택거래에 맞게 일부 수정하여 적용했습니다.

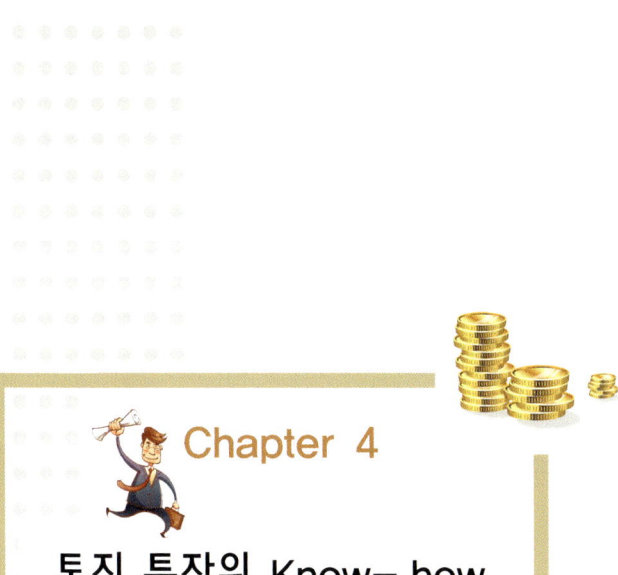

Chapter 4

토지 투자의 Know- how

Part 1

쓸모없는 토지는 없다

토지는 그 특성상 개별성을 가지고 있기 때문 가치가 없는 토지는 없습니다. 단, 토지의 이용목적 및 활용에 따라 그 가치가 달라집니다.

이 책에서는 토지 구매 시 필요한 사항과 적정한 가격 평가를 통하여 매수자의 만족스러운 구매결정을 돕고자 합니다.

1. 구입 목적

토지를 구입하는 데 있어 구입목적은 추후 토지를 이용하는 데 있어 가장 중요한 요소입니다. 부동산 구입은 그 거래규모가 크고 환금성이 약하기 때문에 이용목적과 다른 부동산을 구입하였을 경우 금전적인 피해와 더불어 심리적으로 상당한 압박감을 가질 수 있기 때문입니다.

토지의 구입목적이 단순히 미래의 지가상승을 통한 자산의 증가를 목적으로 하는 것인지, 건물을 지을 목적인지, 농사를 지을 것인지, 전원주택을 지을 것인지, 임야를 구입해 과실수를 심을 것인지 등 다양한 목적에 따라 위치를 선택하고, 가격을 산정하고, 규제사항이 있는지 등 종합적으로 검토하는 것이 바람직합니다.

그러나 실제 토지를 구입하는 데 있어 사법상, 공법상 제약이 많이 따르며, 부동산 전문가가 아닌 일반 매수자가 구입목적에 맞는 토지를 구입한다는 것은 더더욱 어려운 일입니다.

2. 지역 선택

대부분의 토지 구매 시 향후 발생하게 될 개발이익, 지가상승 등 자산증식의 목적을 가지고 토지를 구입하게 됩니다. 그러기 위해서는 다양한 정보를 토대로 지역 선택을 하셔야 합니다. 예를 들어 통일 후를 대비하여 경기도 북부일원의 지역을 선택하셨다면 과연 어느 특정 지역을 선택할 것인가의 문제가 남습니다. 또한 개발제한구역의 투자가치가 높다고 해서 무조건 아무 토지나 구입한다면 낭패를 볼 수 있습니다. 이 경우 개발제한구역 내에서 우선 해제될 가능성이 있는 토지를 찾기 위해서는 사전에 충분한 정보를 습득하셔야 합니다.

특정 위치의 토지구매의 정보를 얻기 위해서는 국토계획 같은 큰 틀의 개발계획에서 해당 지역의 개발계획, 주변현황 등으로 압축해 들어갈 필요가 있습니다.

1) 국토계획

우리니라는 20년 단위(10년 단위에서 제4차 국토종합계획부터 20년 단위로 계획)로 국토계획을 수립하여 국토의 효율적 관리와 이용을 추구하고 있습니다.

국토계획은 최상위계획인 국토종합계획, 도종합계획, 시·군종합계획, 지역계획, 부문별 계획으로 구분되어 있습니다.

국토계획에 관련한 정보는 국토해양부(http://www.land.go.kr/) 홈페이지에서 다양하게 얻을 수 있습니다.

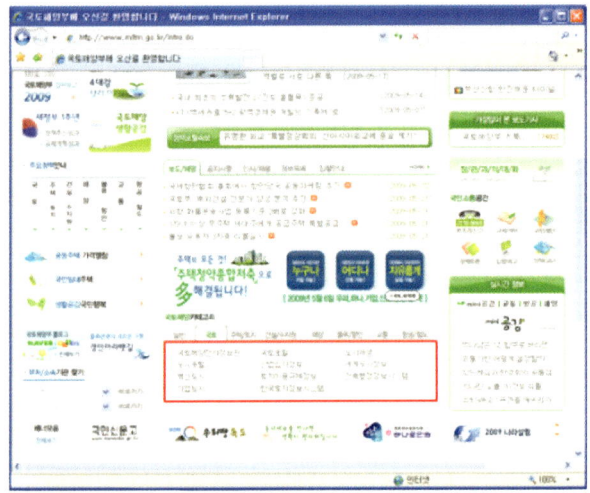

Memo
국토해양부 홈페이지 하단의 국토해양 카테고리 난에 항목별로 정보취득을 용이하게 해 놓았습니다.

출처: 국토해양부

Memo
국토포탈(Land potal) 홈페이지에서는 해당 토지의 지형도 및 등고선 정보를 제공합니다.

출처: 국토포탈

114

Tip 제4차 국토종합계획(2000~2020)

현재 시행 중인 제4차 국토종합계획 수정계획(2006~2020)은 행정중심복합도시 건설 등으로 인한 국토공간구조 변화 반영, 남북 교류협력 확대 및 대외환경변화에 대응하는 국토전략 제시를 위해 수정하였고, 약동하는 통합국토 실현을 위해 개방형 국토발전 축(π)과 다핵연계형 국토구조(7＋1)를 제시하고 있습니다.

 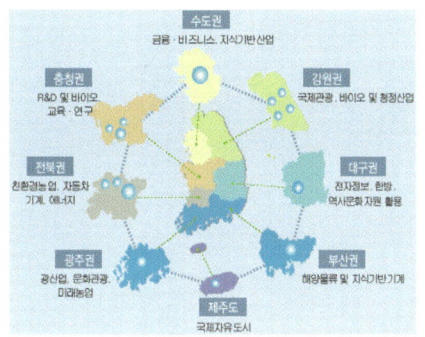

출처: 국토해양부(http://www.land.go.kr/)

2) 시·군 종합계획 및 지역계획

국토계획에 따라 특정 지역을 선택하셨다면 그 지역의 시·군 종합계획과 지역계획을 반드시 확인하셔야 합니다.

※ 시·군 종합계획은 특별시·광역시·시 또는 군의 관할지역을 대상으로 지역의 공간구조와 장기발전방향을 제시하는 계획으로 국토의 계획 및 이용에 관한 법률에 의해 수립되는 계획(도시기본계획, 도시관리계획 등)입니다.

※ 지역계획은 특정한 지역을 대상으로 특별한 정책목적을 달성하기 위하여 수립되는 계획입니다.

각 지역의 도시기본계획 및 도시관리계획은 해당 시·군의 도시계획 부서에서 열람하실 수 있습니다. 도시기본계획이 확정되면 각 시·군은 5년 단위로 도시관리계획을 수립하며 도시기본계획은 도시관리계획입안의 지침이 됩니다.

출처: 포천시 홈페이지 도시기본계획 열람

출처: 서울시 도시계획국 홈페이지 http://urban.seoul.go.kr/

3) 특정지역 선택

각 시·군의 홈페이지에서 해당 지역의 도시계획 및 주변 개발계획 등을 확인하고, 특정지역을 선정한 후 지역 내 매수자의 구입목적에 맞는 토지 물건을 찾습니다. 토지 물건을 확인하는 방법은 부동산 포털사이트에 등록된 매도물건을 통해 대략적인 토지규모와 가격을 확인한 후, 관심물건에 대해 해당 부동산 중개업소를 통하거나 그 지역의 거주자를 통해 세부정보를 얻습니다.

4) 해당 지역 물건 확인

토지는 부동성으로 인해 이동이 불가능하므로 현장답사가 반드시 필요하지만 무작정 해당 지역으로 간다고 해서 물건 정보를 구하기는 쉽지 않습니다. 따라서 해당 지역의 물건정보를 가지고 있는 부동산 중개업소의 도움을 받는 것이 시간과 비용을 절약할 수 있는 지름길입니다.

부동산 포털사이트에서 대략적인 물건정보를 확인한 후, 해당 부동산 중개업소에 의뢰해 물건의 정보가 정확한지, 현장 답사가 가능한지 여부를 확인하셔야 합니다.

5) 현장답사 전 검토사항

토지거래 시 반드시 현장답사를 통한 확인 작업이 필수적으로 요구됩니다. 토지는 다른 부동산과는 달리 식별이 용이하지 않기 때문에 등기부등본, 토지대장, 지적도 등의 공부와 현재 이용 상황이 같은지 여부도 반드시 확인하여야 합니다.

※ 다음은 현장 답사 시 확인해야 할 사항입니다.

Tip 구비물품

지적도(임야도), 지도(지번표시), 토지 등기부등본, 토지대장(임야대장), 경계점좌표등록부(토지경계의 굴곡점을 수치로 기재한 수치지적부 등본), GPS(좌표확인 가능), 사진기, 나침반 등

6) 토지의 위치 확인

도심지의 경우 주변의 건물이나 특정 표시에 의해 토지의 위치를 파악하는 데는 그리 어렵지 않습니다. 그러나 구획된 토지가 아닌 임야나 특정표식물이 없는 지역의 토지를 찾기란 여간 쉽지 않습니다. 그런 까닭에 토지의 위치를 파악하기 위해서는 상당한 노력이 필요합니다. 가장 좋은 방법은 해당 지역의 거주자의 도움을 받는 것이 좋지만, 이 경우 구입의사가 노출될 우려가 있고, 곧바로 토지 가격의 상승으로 이어지는 경우가 많기 때문에 그리 쉽지 않습니다. 따라서 토지의 현장 답사 전 토지의 위치를 정확하게 파악하는 것이 중요합니다.

① 해당 토지의 지번 검색

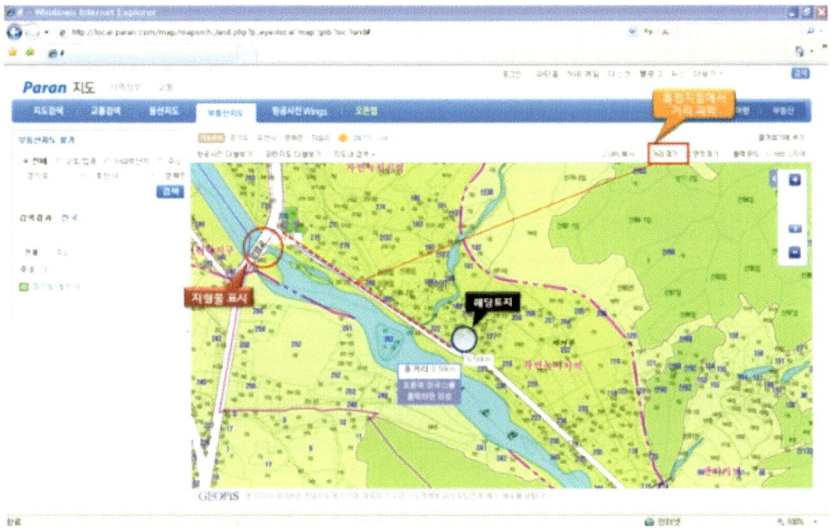

출처: 파란지도(http://www.paran.co.kr)

　　해당 토지의 지번을 파악하신 후 정확한 위치와 주변토지의 이용현황
에 대한 정보를 취득합니다. 또한 파악하기 쉬운 특정 지형·지장물로
부터 해당 토지까지의 거리를 인터넷상으로 파악하시면 답사 시 쉽게
토지를 찾으실 수 있습니다.

② 위성지도 검색

출처: Daum 지도(http://realestate.daum.net/)

출처: Daum 지도(http://realestate.daum.net/)

120

지번도는 해당 토지의 정확한 위치를 파악하는 데 절대적입니다. 하지만 지번도만으로 해당 토지를 찾는 것은 쉬운 일이 아닙니다. 보다 사실적인 인공위성사진을 통하여 현재 상태를 미리 살펴봄으로써 해당 토지를 평가하고 확인하는 데 큰 도움이 됩니다. 그러나 한 가지 주의하실 것은 현재 부동산 포털사이트 등에서 제공되는 인공위성지도는 과거 2~3년 전의 화면이므로 현장답사를 통하여 실제 이용 상황을 반드시 확인하셔야 합니다.

또한 화면상 해당 토지의 대략적인 면적과 경계선을 측정(지적도 참조)하여 현장 답사 시 참조를 함으로써 정확한 토지 규모 및 상태를 파악할 수 있습니다.

Tip 구글 earth의 인공위성 사진에서 해당 토지를 클릭하면 화면 하단에 위도와 경도가 표시됩니다. 이를 해당 부동산의 수치지적부와 비교하면 손쉽고 정확하게 해당 토지의 위치를 확인하실 수 있습니다.

Part 2

꼼꼼한 사람이 땅도 잘 고른다

앞서 수차례 설명했듯이 부동산 투자에 있어 눈으로 확인이 가능한 것보다는 그 속에 감추어진 내용에 따라 부동산 투자의 성패가 달려 있습니다. 즉, 해당 부동산이 가지고 있는 법률적 특성을 잘 파악함으로써 부동산 투자의 실패로부터 벗어날 수 있습니다.

부동산, 특히 토지의 경우 이용규제에 대한 사실 확인이 어렵기 때문에 해당 지자체의 조례를 비롯하여 관련 공부를 꼼꼼히 살펴보셔야 합니다.

1. 도시계획조례 확인

토지 구입 시 반드시 해당 지자체의 도시계획조례를 확인하셔야 합니다. 특히 단순 투자가 아닌 건물을 건축할 목적으로 구입하는 토지는 더 말할 것도 없습니다. 이는 「국토의 계획 및 이용에 관한 법률」(국토계획법)에서 기준을 정하고 있으며, 세부사항에 대해서는 지방자치단체의 조례를 통해 정하고 있기 때문입니다.

해당 지역의 도시계획조례에 따라 지역·지구의 용적률이 일정 범위 내에서 달라질 수 있으며, 또한 건축물의 용도도 제한을 받기 때문입니다.

예를 들어 제2종 일반주거지역에서 건축할 수 있는 층수를 살펴보면 「국토의 계획 및 이용에 관한 법률」에서는 제2종 일반주거지역의 층수는 18층 이하로 건축할 수 있으나, 서울시는 제2종 일반주거지역인 경우 12층 이하로 제한하고 있습니다. 반면 인천시에서는 도시계획조례를 통해 제2종 일반주거지역의 층수는 18층 이하로 건축할 수 있다고 조례로 정하고 있습니다. 즉, 서울시와 인천시의 제2종 일반주거지역에서의 건축 가능한 층수는 6개 층이나 차이가 있기 때문에 같은 면적이라 하더라도 인천시에서는 층수가 완화되어 고층 아파트 및 고층 건축물을 지을 수 있는 것입니다.

다음의 표는 대표적인 건축물의 용도지역별 건축 가능 여부를 표시한 것입니다.

용도지역과 건축물의 용도

× (금지)
○ (법령 허용)
● (법령조건 허용)
△ (조례 허용)
◀ (조례조건 허용)
◎ (법령, 조례조건 허용)

	도시지역 주거지역 1종전용	2종전용	1종일반	2종일반	3종일반	준주거	상업지역 중심상업	일반상업	근린상업	유통상업	공업지역 전용공업	일반공업	준공업	녹지지역 보전녹지	생산녹지	자연녹지	관리지역 보전관리지역	생산관리지역	계획관리지역	농림지역	자연환경보전지역
용적률%	50~100	100~150	100~200	150~250	200~300	200~500	400~1500	300~1300	200~900	200~1100	150~300	200~350	200~400	50~80	50~100	50~100	80	80	100	80	80
건폐율%	50	40	60	60	50	70(60)	90(60)	80(60)	70(60)	80(60)	70(60)	70(60)	70(60)	20	20	20	20	20	40	20	20
단독주택 단독/다중	○	○	○	○	○	○	◀	△	○	×	△	△	△	△	○	○	○	○	○	●	●
다가구	△	○	○	○	○	○	◀	△	○	×	△	△	△	×	○	○	○	○	○	●	●
공동주택 아파트	×	○	×	○	○	○	◀	◎	◎	×	×	×	△	×	×	△	×	×	△	×	×
연립/다세대	△	○	○	○	○	○	◀	◎	◎	×	△	△	○	×	△	△	×	△	△	×	×
기숙사	×	○	○	○	○	○	◀	◎	◎	○	○	○	○	×	△	○	×	△	△	×	×
1종 근린생활시설	◎	●	○	○	○	○	○	○	○	○	○	○	○	○	○	○	○	◎	◎	◎	○
2종 근린생활시설 일반음식점	×	×	△	△	△	○	○	○	○	△	○	○	○	×	◀	◎	◀	◀	◎	◀	×
노래연습장	×	×	△	△	△	○	○	○	○	○	◎	◎	○	×	◀	◎	◀	◀	◎	◀	×
종교집회장	△	○	△	△	△	○	◎	◎	○	△	△	△	×	△	×	○	◀	◀	○	△	◀
단란주점	×	×	×	×	×	×	○	○	○	△	△	△	△	△	△	△	△	×	×	×	×
안마시술소	×	×	×	×	×	×	○	○	○	○	○	○	○	×	△	△	×	△	△	×	×
문화 및 집회시설	◀	◀	◀	◎	◎	◎	○	○	◎	△	△	◀	◎	◀	◀	◀	◀	◀	◀	◀	◀
판매 및 영업시설	×	×	◀	◀	◀	△	○	○	○	×	◀	●	◎	×	◀	◀	×	◀	◀	×	×
의료시설 병원	×	×	△	△	×	○	△	○	○	×	◀	◀	◎	△	◀	◎	△	◀	◎	△	×
격리병원	×	×	△	△	×	×	△	○	○	△	○	○	○	△	△	○	△	△	○	△	×
장례식장	×	×	△	△	×	○	○	○	○	○	○	○	○	○	△	○	△	△	○	△	×

교육연구 및 복지시설			운동시설	업무시설	숙박시설	위락시설	공장	창고시설	위험물 저장 및 처리시설		자동차 관련 시설			동물 및 식물 관련 시설	분뇨 및 쓰레기 처리 시설	공공용 시설		묘지 관련 시설	관광휴게시설
직업훈련소	학원/도서관 등	초중고등학교							주유소	정비공장 등	주차장	세차장	폐차장			교도소 등	발전소		
×	×	●	×	×	×	×	×	×	×	×	×	×	×	◀	×	×	◁	◁	×
◀	◀	●	×	×	×	×	×	●	◀	×	×	×	×	◎	◁	◁	○	◁	×
◎	◎	○	◎	×	◀	×	◀	●	◁	◁	◁	◁	×	○	○	○	○	○	◁
◀	◀	◎	×	×	×	×	◀	●	◁	◀	×	×	×	◎	◁	◎	○	◁	×
◀	◀	◎	×	×	×	×	×	◀	×	×	×	×	×	◎	◁	◁	◁	×	
◎	◎	○	○	×	◀	×	◀	◎	◁	◁	◁	◁	×	○	○	○	○	○	○
◎	◎	◎	◎	×	×	◀	◎	◎	◀	◁	◁	×	○	○	◎	○	○	○	
◎	◎	◎	×	×	×	×	×	●	◀	×	×	×	×	◀	×	◎	×	◁	×
○	○	○	◁	◁	◁	×	◎	○	○	○	○	○	○	◁	○	◁	○	×	×
◁	◁	◁	×	×	×	○	○	○	○	○	○	○	◁	×	◁	×	×		
◀	◀	×	×	×	×	○	○	○	○	○	○	×	◁	×	◁	×	×		
◁	◁	◁	×	◁	◀	◀	×	○	◀	◁	◁	◁	×	◁	×	◁	×	×	
○	○	○	○	◁	●	◀	◀	◁	◀	◀	◁	◁	×	◀	×	◁	×	×	
◁	◁	◁	◁	○	●	●	◀	○	◀	◀	◁	◁	×	◎	○	×	◁		
◁	◁	◁	◁	○	●	●	◀	◁	◀	◁	◁	×	◎	○	×	×			
○	○	○	○	◁	×	×	◀	◁	◀	◁	◁	×	◁	◁	×	◀			
◎	◎	○	◁	◀	×	×	◁	◁	◀	◀	◁	◁	×	◁	◁	×	×		
◎	◎	○	◁	◀	×	×	◁	◁	◀	◀	◁	◁	×	◁	◁	×	×		
◎	◎	○	◀	◀	×	×	◀	◁	◀	×	◁	◁	×	◀	◁	×	×		
◀	◀	◁	×	×	×	×	×	×	×	◁	×	×	×	×	×	×	×		
◀	◀	◁	×	×	×	×	×	×	×	◁	×	×	×	×	×	×	×		

2. 각종 공부의 확인

1) 토지등기부등본

등기부등본은 토지의 권리관계 및 법률적 하자(근저당, 압류, 가등기 등) 사항들을 확인해 볼 수 있습니다.
* Chapter 1의 내용을 참조하세요.

Tip 대법원 인터넷등기 서비스 홈페이지를 통해 해당 토지의 등기부 등본을 발급받을 시 '토지＋건물'을 선택하시고 발급받는 것이 좋습니다. 만일 등기된 건물이 있을 경우 건물등기부등본도 함께 발급받을 수 있습니다(단, 미등기(무허가) 건물일 경우 등기부등 본상에 나타나지 않기 때문에 현장 확인 후 토지소재지, 해당 읍·면 사무소에 건축물대장을 확인하고 건축물관리대장이 존재 하면 소유권 보존등기를 먼저 한 후 소유권이전등기를 하여야 합니다. 건축물대장 소유주와 토지 소유자가 다를 경우 법정지상 권이 성립되므로 유의하셔야 합니다).

2) 토지(임야)대장

토지(임야)대장의 경우 토지의 면적 및 공시지가, 지목 등에 대해 확 인하실 수 있습니다. 등기부등본상의 면적 및 지목과 토지(임야)대장상 의 내용이 동일한지 확인하셔야 하며, 면적이 다를 경우 토지(임야)대장의 면적과 지목이 우선하게 됩니다. 따라서 부동산 매매계약 작성 시 토지(임야)대장의 내용으로 계약하셔야 문제가 없습니다.

3) 토지이용계획확인서

토지이용계획확인서는 토지이용에 따른 공법상 규제사항이 나타나 있습니다. 토지 매수 시 가장 중요한 확인사항입니다. 먼저 토지의 용도지역·지구를 확인하고 용도지역에 따른 규제사항을 확인하셔야 합니다.

토지계획도상의 해당 토지의 일부가 도로 편입부지로 되어 있다면 향후 도로에 접하므로 토지가치가 상승할 수 있지만, 토지 면적이 지나치게 작을 경우에는 도로 면으로부터 일정거리를 후퇴해야만 건축을 할 수 있기 때문에 유효 토지 면적이 줄어들게 되어 활용가치가 없을 수도 있습니다.

또한 다른 법령에 의한 이용규제사항을 점검하셔야 합니다. 예를 들어 성장관리권역, 토지거래허가구역, 군사시설보호구역, 자연환경보전권역 등 토지 이용상 제한되는 내용을 살펴보고 토지 구입목적에 적합한지 확인하셔야 합니다.

그 밖에 토지거래허가구역 내의 허가 여부, 농지의 거래 시 농지취득자격증명과 같은 거래 제한요인이 있기 때문에 유의하셔야 합니다.

출처: 토지이용규제서비스(http://luris.moct.go.kr/)

① 농지취득자격증명

전국에 있는 단 1평의 농지라도 매매 시에는 모두 농지취득자격증명을 받아야 하는 것이 원칙입니다.

※ 농지란 '농지의 보전 및 이용에 관한 법률' 제2조에 의하여 지목 여하에 불구하고 실제의 토지현상이 농경지 또는 다년생식물 재배지(과수원·뽕나무·종묘·인삼·약초밭 등)로 이용되는 토지와 그 개량시설(池沼·수로·농로·제방 등)의 부지를 말합니다.

그러나 도시계획이 수립되어 있는 도시 지역 중 주거지역, 상업지역, 공업지역과 도시계획시설로 협의, 확정된 지역 내의 농지거래는 농지취득자격증명을 받지 않아도 됩니다. 그것은 농지라도 그 토지의 이용목적이 국가 및 지차제의 도시계획 및 토지이용계획에 의하여 확정되어 있기 때문입니다.

단, 도시지역이라 하더라도 자연녹지지역과 완충녹지역의 모든 농지는 농지취득자격증명을 받아야 합니다.

또한 농지전용허가를 받은 농지이거나 상속 등에 의해 농지를 취득하는 경우에도 농지취득자격증명을 받지 않아도 됩니다.

단, 경매에 의한 농지취득은 농지취득자격증명을 발급받아 매각결정기일 전까지 제출하여야만 취득이 가능합니다.

농업인이 아닌 개인이 농지취득자격증명을 발급받기 위해서는 신청 당시 세대원 전부가 소유한 농지의 총면적이 1,000m²(약 303평) 이상이어야 발급받을 수 있으며, 신청 시 농업경영계획서를 작성하셔야 합니다. 그러나 개인의 주말농장이나 체험영농을 목적으로 하는 경우에는 신청 당시 세대원 전부가 소유한 농지와 합한 면적이 1,000m² 미만이어야 합니다. 즉, 면적이 1,000m² 미만일 경우 주말농장이나 체험영농 목적으로만 이용이 가능하며, 신청 시 농업경영계획서를 작성하지 않아도 됩니다.

농지취득자격증명에 대한 자세한 내용은 해당 토지 소재지 관할 구·군·읍·면에 문의하시면 되고, 신청 후 발급기간은 보통 4일 이내입니다.

농지취득자격증명신청서

※ 농지취득자격증명신청서 청부서류

농지취득자격증명신청서		처리기간	접수◆	제 호
		5일	처리◆	제 호

농지취득자(신청인)	①성명(명칭)		②주민등록번호(법인등록번호)	⑥취득자의 신분		
	③주소	시 구 읍 도 시·군 읍·면 리 번지		농영인	신영	법인등
	④연락처		⑤전화 ⑥농지구분			

취득농지의 표시	⑦소재지 시·군 구·읍·면 리·동	⑧지인	⑨이유	⑩면적 (㎡)	진흥지역	보호지역	진흥지역밖

⑪취득원인	
⑫취득육격	

농지관리위원확인	확 인 사 항	위원①	위원②
	1. 법 제6조 제1항 및 제2항 제2호 또는 제8호의 규정에 의한 취득요건에 적합한지여부		
	2. 농영경영계획서에 법 제8조 제2항의 각호사항의 포함여부		
	3. 농영경영계획서의 내용이 실현가능하다고 인정되는지여부(법 제6조 제2항 제8호의 규정에 의하여 농지를 취득하는 경우를 제외)		
	4. 소유농지의 전부를 타인에게 임대하거나 영농작영의 전부를 위탁하여 경영하고 있는지여부		
	위원① (인) 위원② (인)	(인)	

확인방법 : 양옥벽로 확인결과를 기재하고 기영날인합니다.

농지법 제8조 제2항 및 동법시행령 제10조 제1항의 규정에 의하여 위와 같이 농지취득자격증명의 발급을 신청합니다.

년 월 일

농지취득자(신청인) 서명(인)

시장·구청장·읍장·면장귀하

구비서류 : 1. 별지 제6호 서식의 농영경영계획서
2. 주민등록등본(농지의 소재지와 거주지가 다른 경우에 한하고, 법인의 경우에는 법인등기부 등본을 말한다)
3. 농지원부등본(농지의 소재지와 거주지가 다른 경우에 한한다)
4. 별지 제1호 서식의 농지취득인정서(법 제6조제2항제2호의 규정에 해당하는 경우에 한한다)
5. 별지 제2호 서식의 일반소유상한 초과농지 소유인정서(법 제7조제1항제2호의 규정에 해당하는 경우에 한한다)

수수료
300원

② 농지(산지) 전용허가

토지 상에 건물을 짓기 위해서는 지목이 '대(垈)'이어야 합니다. 따라서 도시계획 구역 밖의 답(논)이나 전(밭)과 같은 농지를 전용하여 건물을 지을 수 있는 '대(垈)'로 바꾸기 위해서 '농지전용허가'를 받아야 하며, 지목이 임야(산)인 경우에는 '산지전용허가'를 받아야 합니다.

Tip 농지전용허가를 받은 토지는 '농지취득자격증명'을 받지 않아도 됩니다.

Tip 농지전용허가의 제한

농지전용허가를 결정하는 경우에 대기오염배출시설, 폐수배출시설, 농업의 진흥이나 농지의 보전을 해칠 우려가 있는 시설의 부지로 사용하려는 농지는 전용을 허가할 수 없습니다. 다만, 「국토의 계획 및 이용에 관한 법률」에 따른 도시지역·계획관리지역 및 개발진흥지구에 있는 농지는 위의 어느 하나에 해당하는 시설의 부지로 사용하더라도 전용을 허가할 수 있습니다(「농지법」 제37조 제1항).

③ 형질변경허가

'농지전용허가' 또는 '산지전용허가'를 받은 후에는 '형질변경허가'를 받아야 합니다. 형질변경이란 집을 짓기 위해 토지를 평평하게 하는 평탄작업, 흙을 깎아 내는 절토, 흙을 채워 넣는 성토작업 등을 통해 토지의 형상(모양)을 변경하는 행위를 말합니다.

④ 지목변경

형질변경 후에 해당 토지의 용도지역·지구의 용적률과 건폐율에 따라 건물을 건축하게 됩니다.

건물을 건축한 후에 행정관청에 해당 토지의 지목 변경 신청을 하면 됩니다. 즉, 지목이 '전(田)'이나 '답(畓)'이었던 것을 '대(垈)'로 바꾸는 것입니다.

우리가 흔히 알고 있듯이 농지를 구입해서 지목변경을 하게 되면 토지가격이 몇 배는 상승합니다. 그러나 모든 토지가 형질변경이 되고 지목변경이 된다면 아마도 지금쯤이면 논이나 밭이 남아 있지 않을 것입니다.

따라서 농지전용허가, 형질변경허가 등 허가를 얻을 수 있는 토지를 구입하는 것이 Know－how라 할 것입니다.

4) 지적도와 임야도

지적도와 임야도는 각각 토지대장과 임야대장에 등록된 사항을 도면으로 나타낸 지적공부입니다.

지적도란 지적법에 의해 토지 경계선 등의 사실관계를 일반에게 공시하는 공적 서류를 말하며, 1개 필지마다 각각의 지적도를 가지고 있습니다. 이때 지목이 임야인 경우에는 지적도라고 하지 않고 '임야도'라고 부릅니다. 지적도와 임야도는 이름만 다를 뿐 내용에는 차이가 없습니다.

지적도의 축척은 1/500, 1/600, 1/1,000, 1/1,200, 1/2,400, 1/3,000, 1/6,000 7가지이며, 이 중 1/1,200의 축척이 많이 사용되고 있습니다.

반면 임야도의 축척은 1/3,000, 1/6,000 등 2가지의 축척이 사용되고 있으며, 이 중 1/6,000 축척이 대부분 사용되고 있습니다.

Tip 현재 인터넷으로 확인이 가능한 토지이용계획확인서에 해당 토지와 주변에 대한 토지이용계획도를 지적도 대용으로 사용하실 수 있습니다.

* 토지이용계획도의 축척을 변경하여 확대/축소할 수 있습니다.

지적도와 임야도에는 주변의 각 필지의 지번과 지목이 표기되며, 도로가 표시됩니다. 단, 토지이용계획도에서 확인이 가능한 개발계획 및 도로계획은 표시되지 않습니다. 따라서 현장 답사 시 토지이용계획확인서를 토대로 조사하시는 것이 효율적입니다.

Tip 토지의 용어 및 개념

나대지: 건물이 없고, 공·사법상의 제약 있다.

건부지: 건물이 있는 토지

공지: 한 필지 내의 건축물 이외의 부분

필지: 법률상 등기단위로 거래활동에서 중요하다. 지번이 있고 지적상 경계표시가 있다.

획지: 가격수준 및 이용 상황이 비슷한 토지(개발지역의 토지 등)

맹지: 토지의 4면이 다른 토지로 둘러싸여 출입할 수 없는 토지로서 지적상 개념이다.

선하지: 고압선이 지나가는 토지

Tip 토지모양

① 정방형 – 정사각형 토지, ② 세로장방형: 길 따라 길쭉한 토지(길에 접한 변이 길다), 가로장방형: 길을 90도 가로로 길쭉한 토지(길에 접한 변이 짧다), ③ 부정형: 토지모양이 일정치 못한 토지, ④ 재형: 사다리꼴 토지.

* 토지 구입 시 정방형 토지가 가장 좋으며(공지 발생이 적어 토지이용을 효율적으로 할 수 있음), 세로장방형의 경우 상업용도 목적으로 좋습니다.

5) 경계점좌표등록부(수치지적부)

각 필지별로 경계점의 위치를 좌표로 표시하는 지적공부입니다. 경계점좌표등록부는 대장과 지적도면의 중간적 성격의 지적공부라 할 수 있으며, 일반인의 경우 이해가 어려운 측면이 있습니다.

경계점좌표등록부(수치지적부)를 비치하는 지역 내의 지적도에는 제명 끝에 '수치'라는 표시를 추가하고, 도곽선 우측 하단에 "이 도면에 의하여 측량을 할 수 없음."이라 기재되어 있습니다.

도곽선은 지적(임야)도의 작성 기준이 되는 구획선을 말하며, 인접 도면과의 접합을 맞추는 기준선으로서의 역할과 지적측량 기준점의 전개, 도곽 신축량 측정 등의 기준이 되는 선입니다.

6) 토지의 경사도

토지의 경사도는 향후 토지의 이용 목적에 따라 영향을 미칠 수 있습니다. 예를 들어 펜션이나 전원주택 등의 건축행위를 하기 위해 토지를 매입했는데 토지의 경사도가 높으면 개발행위 허가를 받기 힘들 수도 있습니다. 또한 이 경우 토지를 평평하게 해 주는 작업에 비용이 발생하며, 면적도 줄어들 가능성이 있습니다.

Tip 일반적으로 토지의 경사도가 15° 이상일 경우 개발행위허가가 까다롭습니다.

토지의 경사도는 지형도상의 등고선을 참조해 추정하실 수 있으며, 국토포탈(http://www.land.go.kr) 홈페이지에서 서비스하고 있습니다.

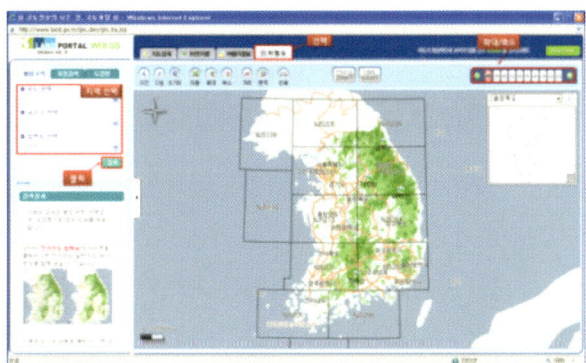

Memo
화면 상단의 지형도를 선택하시고, 해당 지역을 입력하시면 됩니다.

출처: 국토포탈

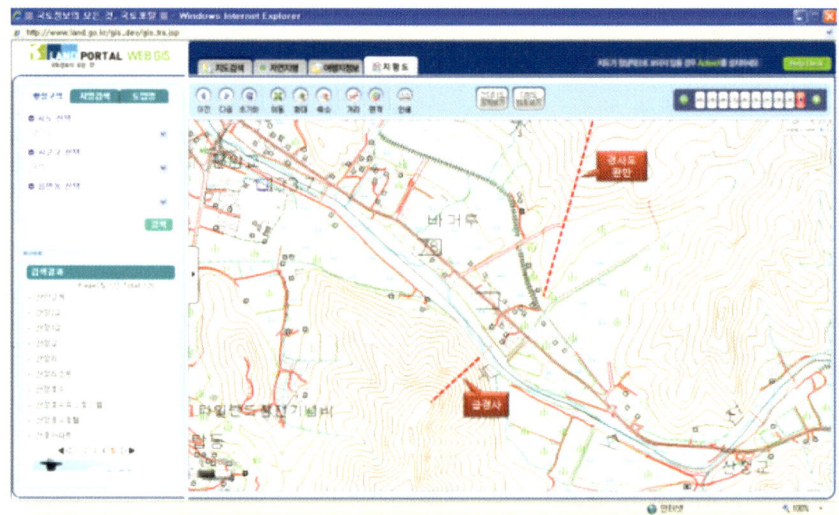

　　지형도상의 표시된 등고선의 경우 선의 간격이 좁으면 토지의 경사도가 높은 것이며, 간격이 넓으면 경사도가 상대적으로 완만하다는 것입니다.

　　등고선은 1/25,000의 지형도에서는 5m 간격으로 표시되며, 1/50,000의 지형도에서는 10m 간격으로 표시됩니다. 또한 독도법이라 하여 지형도상의 등고선을 참고로 토지를 입체적으로 나타내기 때문에 토지의 경사도를 더 자세히 알 수 있습니다. 그러나 현실적으로 힘들기 때문에 토지 구입하는 데 있어 최소한 토지의 경사도를 파악할 수 있는 감각 정도는 기르셔야 합니다.

3. 현장답사 시 확인 사항

토지 거래 시 토지의 이용현황 및 인접 토지와의 경계 확인, 현황도로, 실제 파악했던 정보와 다른 점은 무엇인지, 주변 토지의 이용 상황, 토지의 경사도 등 다양하게 검토하셔야 합니다.

특히 인공위성 사진에 나타나지 않거나 지적도상에 나타나지 않은 현황, 해당 토지 내의 미등기 건축물이나 묘지, 수목집단의 표시, 토질(암반, 매립 여부 등) 등과 같은 토지 이용에 상당한 제약을 주는 시설물이 있는지 확인하셔야 합니다.

1) 분묘기지권

분묘기지권이란 타인의 토지 위에 허락을 받아 분묘(묘)를 설치하거나 허락 없이 20년 동안 공연·평온하게 그 분묘의 기지를 점유한 경우 자기소유의 토지에 분묘를 설치하고 분묘에 대해 특정한 약정 없이 소유권을 이전했을 경우에 발생하게 됩니다. 즉, 해당 분묘를 소유하기 위해 그 토지를 사용할 수 있는 권리입니다.

분묘기지권은 약정이 없는 한 분묘가 존속하는 한 유효합니다.

따라서 구입하려는 토지 내에 분묘가 있다면 분묘 이장에 따른 협의가 어려우며, 이장에 따르는 비용이 발생할 수 있습니다. 따라서 토지 매도자로부터 분묘 이장에 대한 특약사항을 명확히 하는 것이 바람직합니다.

Tip 무연고(주인 없는) 묘는 해당 읍·면 사무소에 신청함으로써 개장절차에 의해 처리가 가능하나, 시간과 비용이 발생함.

2) 법정지상권

법정지상권은 토지 소유자와 건물 소유자가 다른 경우에 발생하며, 토지 계약 체결 전 해당 토지 내에 건물이 존재할 경우 반드시 건물등기부등본을 발급받아 보셔야 합니다. 또한 미등기 건물일 경우에도 건축물대장 또는 무허가 건물 등록대장이 존재하므로 확인하셔야 합니다. 토지 소유자와 건물 소유자가 다를 경우 건물을 반드시 동시에 구입하셔야 합니다.

3) 입목등기와 명인방법

해당 토지 위에 수목(나무)이 있는 경우에는 항상 주의를 하셔야 합니다. 수목집단의 경우 등기를 할 수 있으며 이것이 입목등기입니다.

입목등기의 경우 임야대장(토지대장)을 발급받으시면 자세하게 나와 있습니다. 그러므로 만일 토지 위에 과수나 수목이 있는 경우 관할 등기소에 입목등기 여부를 확인해야 합니다.

또한 입목등기 이외에 별도의 표식을 통한 명인방법이 되어 있는지 확인해야 합니다. 명인방법은 수목에 소유권을 표시하거나, 울타리를 쳐서 푯말을 세워 놓음으로써 타인에게 수목에 대한 권리를 표시하는 방법을 말합니다.

이 또한 토지와 수목집단의 소유주가 다를 경우 토지만 계약한다면 수목에 대한 법정지상권이 성립할 여지가 있음으로 주의하셔야 합니다.

4) 맹지

맹지의 경우 해당 토지의 모든 면이 타인의 토지에 접해 있어 도로에 직접 접할 수 없는 토지입니다. 맹지의 경우 진·출입이 용이하지 않으며 주변 토지의 이용형태에 크게 의존하게 되어 자칫 재산상 큰 손실을 초래할 수 있습니다.

따라서 해당 토지를 구입하는 데 있어 신중을 기해야 합니다. 지적도상 맹지라 하더라도 현장답사 시 해당 토지에 연결되는 현황도로(실제로 사용하고 있는 도로)가 있거나, 보행자의 통행이 가능하도록 되어 있다면 이용하는 데 있어 크게 무리는 없습니다.

그러나 현황도로가 없다면 인접한 토지 소유자로부터 통행을 위해 일정 지료를 내고 지역권을 부여받거나, 토지사용승낙서를 받음으로써 이용이 가능하게 됩니다. 그러나 이 경우 지역권, 토지사용승낙서 등을 받아 내기가 쉽지 않습니다.

또한 향후 토지의 거래 시 가격에도 영향을 미칠 수밖에 없으며, 일반적으로 그렇지 않은 토지가격의 50% 정도 가격선에서 거래되고 있습니다.

Tip 맹지의 투자 포인드

맹지의 경우 접한 토지와 토지의 일부분을 교환함으로써 지적정리(분할·합병)를 통한 접근성을 확보함으로써 가치를 상승시킬 수 있으며,

접한 토지는 토지의 모양이 좋게 되며, 면적이 넓어지므로 가치가 높아지게 됩니다. 일반적으로 맹지와 그렇지 않은 토지의 교환비율은 2:1 비율이며, 교환 후 맹지의 가치 상승 비율을 고려하여 교환비율이 높아질 수도 있습니다.

4. 토지 가격의 추정

부동산 특히 토지는 개별성으로 인하여 일물일가의 법칙을 적용할 수 없습니다. 그러므로 토지가격의 산정에 있어 많은 경험과 Know-how가 요구됩니다.

그 이유는 매도자, 매수자가 특정한 가격지표를 가지고 있는 것이 아니라 단순히 주변 토지거래가격을 참고로 하고 있기 때문입니다.

토지의 개별성으로 인하여 위치, 모양, 용도, 활용계획 등 주관적인 판단이 대부분을 결정하기 때문에 가격 편차가 심하여 정확한 가격을 산정하기란 쉽지 않습니다.

앞서 말씀드린 토지 거래의 특성상 비교대상물이 적고, 토지 소유자와의 직접적인 접촉이 제대로 이루어지지 않기 때문에 가격협상이 원만히 진행될 수 없습니다.

그런 이유에서 일반적으로 토지 거래 시 해당 지역 부동산 중개업소의 가격정보에 많이 의지하게 됩니다.

※ 토지 가격 결정 기준

지역·지구, 개별공시지가, 주변 유사 토지 거래 가격, 활용가치, 지리적 위치, 교통 접근성, 개발여건, 보상가격, 공법상 규제 등 다양하며, 무엇보다 구매자의 주관적 가격이 중요한 결정 기준입니다.

다음은 참고로 제가 토지 거래 시 참조하는 방법입니다.
※ 사전정보

X = 유사지역의 토지, Y = 구입하고자 하는 토지

X의 거래년도 개별공시지가, Y의 거래년도 개별공시지가

물가상승률, 공시지가상승률, 지가상승률

※ 계산방법

① X개별공시지가 : X거래가격/m² = Y개별공시지가 : ?(가격)/m²

② 현재 추정 가격(현재 시점으로 가격 수정)

= ? × (1 + 공시지가 상승률 or 물가 상승률 중 큰 수치)

※ 단, 주변 토지의 지가 상승폭이 클 경우 지가 상승률을 적용

예) 2007년도 유사지역 토지의 공시지가는 10,000/m²이며 거래가격은 42,000/m²이었으며, 2007년도 해당 토지의 공시지가는 13,000/m²이었을 경우 현재 토지의 적정 가격은?

(물가 상승률 2007년 3.5%, 2008년 3.2%, 2009년 현재 추정 1.2%)

(공시지가 상승률은 2006년 말~2008년 말 6.5%)

① 10,000 : 42,000 = 13,000 : x, x = 54,600

② 54,600×(1 + 8.9%) = 59,459

2009년 현재 해당 토지 적정 구입가격 약 60,000/m²

(개발계획, 주변 환경 변화 배제)

Chapter 5

상가투자

Part 1

상권을 알면 돈이 보인다

상가는 임대수익을 통한 자산의 증식을 목적으로 하는 점에서 아파트나 토지의 투자와는 다릅니다. 그런 이유에서 상가투자 시 가장 역점을 두는 점은 투자금 대비 얼마만큼의 임대수익을 얻을 수 있는가에 있습니다. 즉, 투자수익률이 높은 상가를 구하는 것이 투자의 핵심입니다.

이 책에서는 투자수익률이 높은 상가에 중점을 두어 설명하고자 합니다. 또한 투자수익률이 높기 위해서는 높은 임대수익을 얻어야 하며, 높은 임대수익을 얻기 위해서는 장사가 잘되는 즉, 우량한 임차인에게 임대를 하는 것이 안정적인 임대수익을 얻을 수 있는 지름길입니다.

따라서 상가투자는 단순히 투자자 입장에서 생각하기보다는 임차인 입장에서 생각하고 상가투자를 하는 것이 올바른 접근방법일 것입니다.

1. 상권 분석

상가투자 시 기본적으로 검토해야 할 사항들은 배후입지, 유동인구, 주변상권, 역세권, 임대료 수준, 상가 위치 등 많은 정보를 필요로 하게 됩니다. 이런 모든 것들을 상권분석이라 일컫습니다.

상권분석을 통해 해당 상가의 임대료를 정하게 되고, 그로 인해 투자수익률을 구할 수 있게 되며, 결과적으로 실제 상가 매입금액을 결정하는 주요 수단이 됩니다.

상권분석은 상가투자 시 가장 선행되어야 할 요소입니다. 이는 단순히 상가투자뿐만 아니라 조그마한 가게를 하는 경우에도 반드시 필요합니다. 그러나 상권분석의 내용이 다양하고 각 지역의 개별성으로 인하여 동일한 기준으로 분석하기에는 무리가 있습니다. 따라서 이 책에서는 상가투자 시 중점적으로 검토해야 할 사항에 대해 설명드리고자 합니다.

2. 지역 선택

상권지표 선정

지역상권은 그 지역에 오랜 기간 거주하고 있거나, 해당 지역에 대해 잘 알고 있는 자가 아니면 골목길까지 속속들이 알지 못하기 때문에 외지인의 상가투자는 그리 쉽지 않습니다. 따라서 외지인의 상가투자 시 기존의 상권을 대표하는 지표를 활용하는 것이 도움이 됩니다.

상권을 상징하는 대표적인 지표는 여러 가지가 있습니다. 우리가 흔히 볼 수 있는 극장이나, 외식업 프랜차이징 업체 중에서노 가장 일반적인 맥도날드, 롯데리아와 같은 패스트푸드점을 들 수 있습니다. 일반적으로 이러한 지표들은 그 지역의 상권분석을 통해 입점을 견정하기 때문에 상가투자자의 경우 상권분석의 노력을 절감할 수 있는 좋은 지표가 됩니다.

또한 지표를 통해 그 지역의 상권의 크기 및 종류를 가늠해 볼 수 있습니다. 예를 들어 Starbucks, Coffeebean의 경우에는 주거밀집형 상권보다는 업무지역에 입점하는 사례가 많으며, 대형 상권 중심의 입지를 선택하게 됩니다. 반면 아이스크림 전문점인 배스킨라빈스31이나 맥도날드, 롯데리아와 같은 경우에는 중·소형 상권에도 입점하기 때문에 그 지역의 상권의 규모를 판단하는 데 많은 도움이 됩니다.

그러나 대형 프랜차이징 업체가 있다고 해서 반드시 그 지역 상권이 활발한 것은 아닙니다. 대중교통이 발달하고 1가구 1차량의 차량 보급률이 높아짐에 따라 주차장의 구비, 대형면적 등의 요건을 충족하기 위해 특정 상권을 벗어난 곳에 위치하는 경우가 많습니다. 대형 프랜차이징 업체는 자체 흡입력이 있기 때문에 지역지표로 삼는 것은 피해야 합니다.

지역 선택 시 보행자 위주의 상권이 형성된 지역이 상가투자 지역으로 우수합니다. 따라서 상가투자 시 중·소형 상권의 보행자 중심의 유명 프랜차이징 업체가 입점한 지역을 중심으로 상가투자를 하는 것이 바람직합니다.

1) 중·소형 프랜차이징 가맹점 검색

도시지역의 상가투자 시 구 단위의 지역 선택을 하신 후 해당 지역의 중·소 프랜차이징 가맹점 검색을 합니다. 최소한 2~3개 업체의 가맹점을 비교함으로써 지역 상권을 측정할 필요가 있습니다.

출처: 배스킨라빈스31(http://www.baskinrobbins.co.kr/)

2) 가맹점 위치의 표시

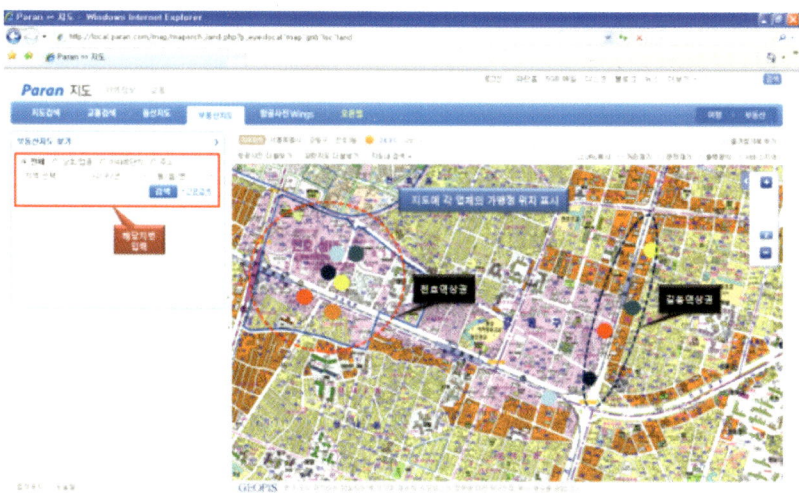

출처: 파란지도(http://local.paran.com/map/)

각 업체의 가맹점 위치를 지도상에 표시해 보면 한눈에 상권의 형성을 알 수 있습니다. 또한 개별 가맹점의 밀집도를 통해 그 지역의 상권 규모를 파악할 수 있습니다.

대부분 상권의 형성은 서울지역 및 광역시의 경우 지하철 위주로 상권이 형성되어 있는 경우가 많으며, 중·소도시의 경우 고속터미널, 관공서, 대학가, 철도역, 8차선 이상의 도로 교차로 등에 형성되어 있는 경우가 많습니다.

이는 소비자의 이동 동선과 밀접하게 연관되어 있기 때문입니다.

3) 이동 동선의 표시

지역 선택과 상권의 규모를 파악하셨다면 해당 상권에 접근할 수 있는 이동 동선을 파악하셔야 합니다.

서울지역의 경우 A급 상권으로는 홍대, 신촌, 종로, 신천, 건대입구, 동대문운동장, 대학로, 용산, 시청 등 다양하게 형성되어 있습니다.

그러나 A급 상권지라고 해서 지역 내 모든 상가가 수익이 많은 것은 아닙니다. 그것은 해당 건물로의 이동 동선 및 유동인구가 틀리기 때문입니다.

반대로 A급 상권지역이 아닌 일반 주거지역의 상가점포 및 상가건물은 수익이 나쁘지 않을까 하지만 그 반대일 수도 있습니다. 지역 프리미엄이 중요하지만 무엇보다 중요한 것은 내 점포 앞으로, 건물 앞으로 얼마나 많은 사람들이 지나가는 것인가 하는 것입니다.

이동 동선을 파악하기 위해서는 현장 조사가 필수적입니다. 즉, 해당 동선에 따른 유동인구가 얼마만큼 존재하느냐가 중요합니다.

출처: Daum 지도

이동 동선이란 거주지에서 혹은 회사나 특정 지점에서 특정 지점으로
이동하는 경로를 뜻합니다. 이동 동선을 파악하는 수단으로는 주거지에
서 도보로 지하철역, 버스정류장 등 교통수단을 이용할 수 있는 지점까
지의 이동경로를 파악하는 것이 가장 일반적인 방법입니다.

또한 이동 동선은 출근시점의 아침시간과 낮, 저녁시간 등 시간대에
틀리며, 주중 과 주말의 이동 동선이 틀려집니다. 따라서 이동 동선 및
유동인구를 파악하기 위해서는 아침과 낮, 저녁, 주중, 주말 등 각기 다
른 시간대를 종합적으로 파악하셔야 합니다.

그만큼 인구 이동 동선은 상가의 입지 선정에 있어 절대적이라 할 수
있습니다. 보통 서비스업이 대부분인 상기의 경우 입지가 차지하는 비
중이 70% 이상이라고 보아도 무리가 아닙니다. 즉, 노출 빈도와 매출액
은 비례관계에 있습니다.

<아침>   <저녁>

배경화면 출처: 다음 지도, 천호역 주변 시간대별 이동 동선 표시

Tip Daum 지도의 로드맵 제공 서비스

아직 전국적으로 서비스 되고 있지 않지만 주요 도시의 도로 주변의
사진을 제공하므로 현장 확인 전에 주변 상황을 파악하는 데 많은 도움
이 됩니다.

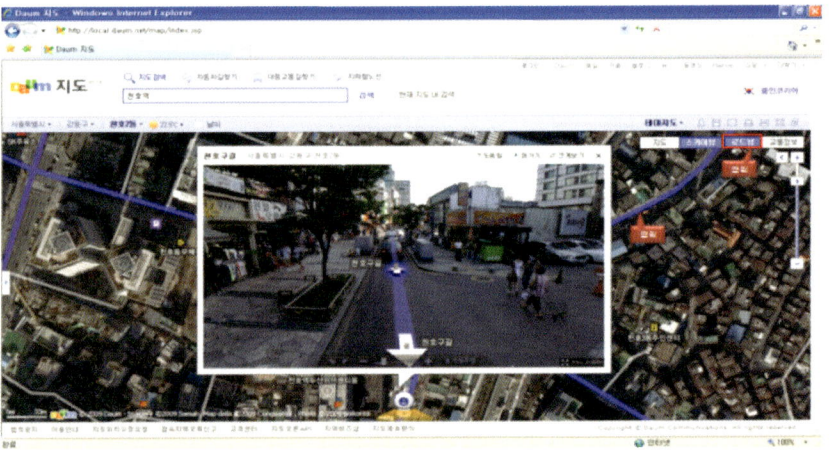

출처: 다음 지도(로드맵)

3. 배후입지

1) 인구통계학적 접근

해당 지역에 유입되는 인구 즉, 잠재고객의 수를 파악함으로써 투자의 안정성을 기할 수 있습니다.

배후입지의 규모를 알기 위해서는 통계청 또는 해당 지역의 관공서 홈페이지에서 제공하고 있는 '인구조사통계'를 이용하여 추정할 수 있습니다.

또한 인근 아파트 단지 규모를 통해서도 측정이 가능합니다.

⬤Tip 아파트 1세대의 세대원은 평균 3.5명으로 가정, 5,000세대는 16,500 명으로 거주인구 추정

예를 들어 5, 8호선의 환승역인 천호역 상권에 직접적인 영향을 미치는 지역은 송파구 풍납동 지역과 강동구 성내동, 천호동 지역입니다. 또한 인근 지역의 대체 상권이 약하고, 교통의 중심지로 인근 하남시, 광주시 지역까지 천호역 상권이 영향을 미치고 있습니다.

따라서 인구통계자료를 활용하여 천호역 상권을 이용하는 잠재적인 유동인구수를 추정할 수 있습니다. 유동인구수 파악 시 연령대, 남성/여성, 소비행태 등 개별요인별로 파악하는 것이 중요합니다.

출처: 강동구 홈페이지

2) 유동인구

유동인구란 해당 지역에 일정 기간 동안 유·출입되는 인구수를 말합니다. 예를 들어 서울지역의 대표적인 인구 밀집지역인 명동, 강남, 영등포, 홍대 등은 해당 지역 거주인의 이동량보다 외부인들의 이동량이 훨씬 많습니다. 따라서 상가투자 시 외부인들의 이동 동선을 파악하는 것이 중요합니다. 이런 중심 상권의 경우 오후시간대 특히 저녁시간대의 인구 유동량을 파악하시는 것이 효율적입니다.

단, 중심상권이라 하더라도 상권의 밀집도에 따라 유동인구의 흐름이 끊기는 지역이 있으며, 이는 해당 지역의 흡입력이 약한 지역으로 투자 시 유의하셔야 합니다.

Part 2

업종 선택이 상가의 운명을 좌우한다

업종은 그 지역 상권의 유형을 결정합니다. 때때로 점포임대 시 선호업종을 택하는 이유도 다른 업종들과의 경쟁을 방지하고 독점권을 가지기 위한 방안일 수 있습니다. 그러나 유사업종이 모여 있을 경우 매출이 더 증가하는 측면도 있습니다.

예를 들어 장충동 족발촌, 왕십리 떡볶이촌, 신림동 순대촌 등 단일상품으로 상권을 형성하고 있는 반면 신촌, 홍대, 신천, 강남 등은 유흥문화와 쇼핑문화가 뒤섞여 상권을 형성하고 있습니다.

즉, 해당 상권과 유사한 업종을 선택함으로써 안정적인 수익기반을 가져올 수 있습니다. 반면 과다 밀집 시 경쟁의 치열로 역작용이 발생할 수 있으므로 주의하셔야 합니다.

1. 업종 선택

업종을 선택하는 데 있어 두 가지 방법이 있습니다. 첫째는 업종을 선택한 후 지역을 선택하는 방법이고, 둘째는 지역을 선택하고 업종을 선택하는 방법이 있습니다. 어느 방법이 현명한 것인지 투자자의 개별 능력이나 지역적 특성에 따라 다릅니다. 이 책에서는 둘째 방법인 지역을 분석한 후에 업종을 선택하는 방법에 대해 알아보겠습니다.

1) 지역 내 업종 분석

먼저 해당 지역에 분포하고 있는 업종을 살펴보아야 합니다. 무수히 많은 업종 가운데 중복되는 업종이 있으며, 또는 아무리 찾아봐도 없는 업종이 있습니다. 예를 들어 먹자골목의 경우 대부분이 외식업종으로 형성되어 있으며, 로데오 거리는 상설매장 등 의류점들이 집중적으로 형성되어 있습니다. 이렇듯 집객성이 강한 업종들이 한곳에 모여 있음으로써 시너지 효과를 보게 되는 것입니다.

그러나 이와 같은 지역을 배제하고 대부분의 지역은 업종이 혼재하고 있어 업종 선택이 중요합니다. 일반적으로 상가건물 내의 점포의 면적은 실제 사용면적 기준으로 10~40평 내외가 대부분으로 면적에 적합한 업종을 선택하기 위해서는 지역분석을 반드시 해야 합니다.

이는 상가투자자의 경우도 예외일 수 없습니다. 상대적으로 점포 면적이 넓다면 주변 흡입력이 높아 경쟁력이 있지만, 그렇다고 해서 반드시 수익이 창출된다는 보장이 없습니다. 따라서 주변 상권 내에서 경쟁력을 갖추기 위한 노력을 부단히 해야 합니다.

상권 내에서 업종 선택을 하기 위해서는 투자물건의 반경 100~200m의 업종을 분석하여 업종분포도를 만드는 것입니다. 예를 들어 서울 명동의 거리지도처럼 업종의 분포도를 통해 업종의 종류와 점포수,

입점이 안 되어 있는 업종 등을 한눈에 파악할 수 있습니다.

※ 상권 내 업종 선택 순서

① 상권 내 업종의 분포도를 작성한다.

② 주 통행로 및 이동 동선을 표시한다.

③ 층별 업종 분포를 파악한다.

    (ex 1층 음식점, 2층 커피점, 3층 pc방 등)

④ 업종을 세부적으로 구분한다.

    (ex 라면, 아이스크림, 커피전문점 등 세부적으로 구분한다.)

⑤ 업종의 분포도와 유동인구의 관계를 살핀다.

    (ex 의류점이 밀집한 곳은 여성의 유동인구가 많다.)

⑥ 투자대상물건과 상권과의 관계를 분석한다.

    (ex 투자대상 위치는 여성의 유동인구가 많으며, 주변 음식점이 많다.)

⑦ 해당 위치의 업종을 선택한다.

    (ex 여성고객, 음식점과 연관된 업종을 선택한다. – 커피숍, 아이스크림점, 주점, 미용실 등)

2) 상권의 구분

상권은 도로의 경계로 구분되며 보통 왕복 4차선 이상(도로 폭 32m 이상)일 경우 상권의 영향이 상당히 감소됩니다. 반면에 왕복 1차선 도로의 경우 서로 상권의 영향을 미치며, 상권 형성에 좋은 영향을 줄 수도 있습니다. 이는 차량통행이 용이하고 인구의 이동에 별다른 영향을 주지 않기 때문에 타 상권보다 확장될 가능성이 많습니다.

Tip 상가투자 시 고려 사항

※ 좋은 상가

- 500세대 이상의 아파트 단지 상가(단, 단지 상가 규모가 작은 경우)
- 재래시장 초입 및 은행 밀집지역에 접해 있는 상가
  (단, 은행 밀집지역은 저녁시간대에 불리)
- 지하철역과 연계 가능한 버스노선이 많은 정류장 주변
- 대단지 아파트(1,000세대 이상) 단지 초입
- 이동 동선의 점포의 수가 많은 지역
- 상가 전면이 넓고 활용공간이 넓은 상가
- 차량의 저속주행이 원활하고 보행자의 이동 경로가 단순한 지역
- 저녁시간대에 밝은 지역 및 활발한 지역
- 위치는 좋으나 장사가 안 되는 상가(업종 선택 및 경영이 잘못된 경우)
- 다양한 주거형태가 혼재하고 있는 지역(아파트, 다가구, 다세대, 단독 등)

※ 피해야 할 상가

- 주변 대형 상권이 형성되어 있는 경우
- 주변 지형이 굴곡이 많은 지역의 상가 특히 오르막길에 있는 상가
- 지하철역, 버스정류장이라 하더라도 주변 상권이 없는 지역
- 대형 상권 내 이동 동선이 끊긴 지역

- 노후건물이 밀집하고 지저분한 지역
- 배후지가 좁고 인구 유입의 한계가 있는 지역
- 소득수준이 낮고 연령대가 너무 낮거나 높은 지역
- 도로에 접한 면이 작은 상가 및 가시성이 약한 상가
- 권리금이 없거나, 낮은 지역(반드시 나쁜 것은 아니나 대체로 그러함.)
- 상가의 외관이 불량하거나, 출입이 불편한 상가

이 밖에도 상권을 분석하는 방법은 다양하며, 지역적인 요소가 많이 좌우하기 때문에 별도로 상권과 마케팅에 관한 전문 서적을 참조하시길 바랍니다.

2. 해당 건물의 용도 파악

토지를 이용하기 위해서는 용도지역·지구 등 공법적 제한사항을 반드시 확인하듯이, 건물(상가건물)을 매입하거나 해당 건물의 임차를 희망한다면 반드시 건물의 이용규제사항을 살펴보셔야 합니다.

그 이유는 건물의 용도에 따라 해당 업종이 결정되기 때문입니다. 또한 건물의 규제사항이 적을수록 활용도가 높아지게 되어 건물의 가치도 높아집니다.

1) 건축물의 용도 확인

건물의 용도를 확인할 수 있는 방법은 해당 건물의 건축물대장에 명시되어 있으며, 또한 인터넷상으로 온나라부동산종합포털 홈페이지 (http://www.onnara.go.kr/)에서 대략적인 정보를 얻을 수 있습니다.

출처: 온나라부동산종합포털(http://www.onnara.go.kr/)

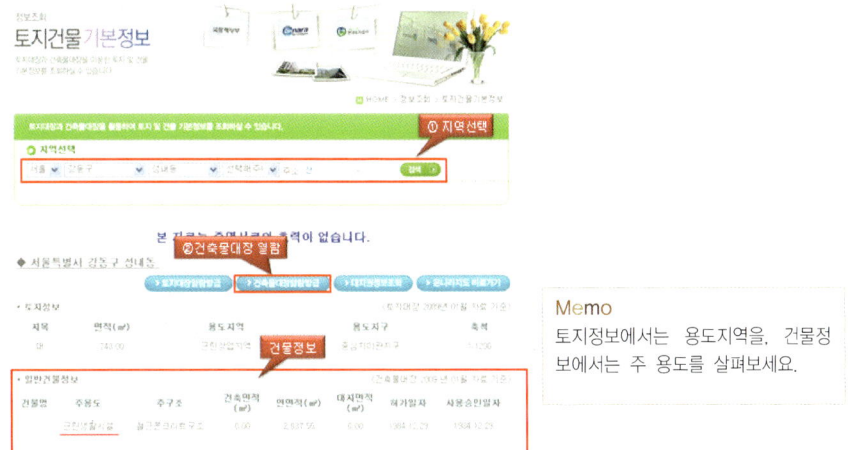

2) 건축물대장

건축물대장은 앞장에서 설명한 것처럼 건물의 연면적, 용도, 소유권에 관한 사항들이 기재되어 있습니다. 또한 건축물대장상의 건물의 주 용도가 주택인지 근린생활시설인지 표시가 되어 있으며, 각 층의 용도가 기재되어 있습니다. 해당 용도와 다른 업종을 영업하기 위해서는 용도 변경을 해야 하기 때문에 용도 변경의 가능 여부를 사전에 검증하셔야 합니다. 또한 불법사항이 있을 경우 건축물대장상에 '위반건축물'이라 표시되어 있으며, 위반건축물건축법 위반으로 시정명령을 받은 후 시정 기간 내에 당해 시정명령의 이행을 하지 아니한 건축주 등에 대하여는 이행강제금을 부과합니다.

정상적인 출력을 위해서는 여백조정이 필요합니다. [여백조정 도움말] 안내

열람서비스 출력물은 법적인 효력이 없으며 최초 열람 후 24시간 이내 열람하실 수 있습니다.
용지방향(가로,세로)을 열람이미지 형태에 맞춰서 출력하십시오. 안세시 발급물이 일부 잘릴 수 있습니다.

위반 표시 → **위반건축물**

1/3

일 반 건 축 물 대 장

고유번호	1174010800-1	대지위치	서울특별시 강동구 설내동		지번		명칭 및 번호			G4C접수번호	20090426 -

대지위치	서울특별시 강동구 설내동		지번		명칭 및 번호		G4C접수번호 20090426 -

대지면적	0㎡	연면적	654.2㎡	지역		특이사항	
건축면적	0㎡	용적률산정용 연면적	0㎡	주구조	철근콘크리트조	**주용도** 근린생활시설,주택	층 수 지하1층/지상5층
건폐율	0%	용적률	0%	높이	0m	지붕 평스라브	부속건축물 0동 0㎡

건 축 물 현 황

구분	층별	구조	용도	면적(㎡)	성명(명칭) 주민등록번호(부동산등기용등록번호)	주소	소유권 지분	변동일자 변동원인
주	지1층	철근콘크리트조	대중음식점	113.16		서울특별시	/	1991.12.31 소유권이전
주	1층	철근콘크리트조	소매점	75.4				
주	1층	철근콘크리트조	주차장	14.96		서울특별시		2002.12.28 소유권이전
주	2층	철근콘크리트조	대중음식점	112.67				
주	3층	철근콘크리트조	사무실	112.67		서울특별시		2002.12.28 소유권이전
주	4층	철근콘크리트조	예능계학원	112.67				
주	5층	철근콘크리트조	주택	112.67		서울특별시		2002.12.28 소유권이전
		- 이하여백 -						

층별 용도

이 등(초)본은 건축물대장의 원본내용과 틀림없음을 증명합니다.
담당자 : 부동산정보과   전화번호 : 02 - 480 - 1497
2009년 05월 09일

서울특별시 강동구청장

3/3

고유번호	1174010800-1-							G4C접수번호 20090426 -

구분	성명 또는 명칭	면허(등록)번호		주차장		승강기	용도 대	허가일자 1990.01.25
건축주			옥내	자주식 대 ㎡		비상용 대		착공일자
설계자				기계식 대 ㎡		형식		사용승인일자 1991.02.01
공사감리자			옥외	자주식 40대 ㎡	오수정화시설			관련지번
공사시공자 (현장관리인)				기계식 대 ㎡		용량		

건 축 물 에 너 지 소 비 정 보 및 기 타 인 증 정 보

에너지효율등급		EPI점수	친환경건축물인증		지능형건축물 인증	
등급		점	등급		등급	
에너지절감률	%		인증점수 점		인증점수 점	

변 동 사 항

변동일자	변동내용 및 원인	변동일자	변동내용 및 원인	기 타 기 재 사 항
	통보에 의거 기재		- 이하여백 -	
1992.03.07	소유권이전	**위법 사항**		
1999.04.06	교통91110-1729(99.4.6)호 위법건축물			
2006.09.14	교통관리과-26649(2006.9.11)옥외자주식4대 주차장현황등기			

160

※ 이행강제금 부과기준

• 건폐율, 용적률을 초과하여 건축된 경우 또는 허가, 신고를 받지 아니하고 건축된 경우 1m²당 시가 표준액의 100분의 50(상기 이외의 건축법 위반사항의 경우 1m²당 시가 표준액의 100분의 10)

• 최초의 시정명령이 있는 날을 기준으로 하여 1년에 2회 이내의 범위에서 당해 시정명령이 이행될 때까지 반복하여 부과 징수합니다.

• 시정명령을 받은 자가 시정명령을 이행하는 경우에는 새로운 이행강제금의 부과를 즉시 중지하되, 이미 부과된 이행강제금은 이를 징수하여야 합니다.

3) 건축물의 용도 구분

토지가 용도지역·지구로 구분되어 있듯이 건축물도 용도에 따라 구분되어 있으며, 그 용도에 맞는 업종만 영업할 수 있습니다. 건축물의 용도분류는 단독주택, 공동주택, 제1종 근린생활시설, 제2종 근린생활시설, 문화 및 집회시설, 종교시설, 판매시설, 운수시설, 의료시설, 교육연구시설, 노유자시설, 수련시설, 운동시설, 업무시설, 숙박시설, 위락시설, 공장, 창고시설, 위험물저장 및 처리시설, 자동차관련시설, 동물 및 식물관련시설, 분묘 및 쓰레기처리시설, 교정 및 군사시설, 방송통신시설, 발전시설, 묘지관련시설, 관광휴게시설, 장례식장 총 28개 용도로 분류되어 있습니다.

예를 들어 PC게임장(pc방)의 경우 바닥면적의 합계가 150m² 미만인 경우에는 제2종 근린생활시설 용도에 영업허가를 받을 수 있지만, 150m² 이상일 경우 판매시설로 분류되어 판매시설용도로 되어 있는 건물에서만 영업허가를 받을 수 있습니다.

※ 업종구분
제1종 근린생활시설의 대표적인 예

- 슈퍼마켓, 일용품점: 바닥면의 합계가 1,000m² 미만인 것.
- 휴게음식점, 제과점: 바닥면적의 합계가 300m² 미만인 것.
  - 이용원, 미용원, 일반목욕장
- 의원, 치과의원, 한의원, 침술원, 접골원, 조산소
- 탁구장, 체육도장: 바닥면적의 합계가 500m² 미만인 것.

2종 근린생활시설의 대표적인 예

- 일반음식점, 기원, 안마시술소, 노래연습장
- 휴게음식점, 제과점: 바닥면적의 합계가 300m² 이상인 것.
- 체력단련장, 에어로빅장, 볼링장, 당구장, 실내낚시터, 골프연습장: 바닥면적의 합계가 500m² 미만인 것.
- 금융업소, 사무소, 부동산중개업소, 출판사: 바닥면적의 합계가 500m² 미만인 것.
- 사진관, 표구점, 학원(자동차학원, 무도학원 제외), 장의사, 동물병원.
- 단란주점, PC게임장: 바닥면적의 합계가 150m² 미만인 것.

* 휴게음식점은 음식물 판매만 가능하고 주류 판매는 허용되지 않으며, 일반음식점은 음식물 판매와 주류 판매가 모두 다 가능함.

* 기타 관리규약, 분양 시 약정

분양 시 점포별로 업종을 지정하였거나, 관리규약에 의해 업종 제한을 한 경우 기존의 지정업종 입점자들의 동의를 받아야 함.

4) 건축물의 용도 변경

다가구 주택(단독주택)을 다세대 주택(집합건물)으로 건축물의 용도를 달리하거나, 특히 상가건물의 투자 시 해당 건물의 용도가 한정되어 있어 다양한 활용을 할 수 없거나, 해당 임차인의 업종이 틀릴 경우 임대차 계약을 할 수 없게 되는 등 부동산 활용을 통한 수익창출에 제한을 받게 됩니다. 따라서 이용 도중 필요에 따라 건축물의 용도를 변경해야하는 상황이 있습니다. 이때 건축물 용도 변경을 통해 부동산 활용가치를 높일 수 있습니다.

건축물의 용도를 변경하기 위해서는 무엇보다 시설군과 용도군을 구분하셔야 합니다.

순위	시설군	용도군
1	자동차 관련 시설군	자동차 관련 시설
2	산업 등 시설군	운수시설, 창고시설, 공장, 위험물 저장 및 처리 시설, 분뇨 및 쓰레기 처리 시설, 묘지 관련 시설
3	전기통신 시설군	방송통신시설
4	문화집회 시설군	문화 및 집회시설, 종교시설, 위탁시설, 관광휴게시설
5	영업 시설군	판매시설, 운동시설, 숙박시설
6	교육 및 복지 시설군	의료시설, 교육연구시설, 노유자시설, 수련시설
7	근린생활 시설군	제1종 근린생활시설, 제2종 근린생활시설
8	주거업무 시설군	단독주택, 공동주택, 업무시설, 교정 및 군사시설
9	그 밖의 시설군	동물 및 식물 관련 시설

① 허가사항

건축물의 용도를 상위군의 용도로 변경을 하고자 할 때에는 관할 시·군·구청장 허가를 받아야 합니다.

예) 7번 근린생활 시설군에 있는 제2종 근린생활시설인 바닥면적 150m² 미만의 PC게임장(방)이 200m²로 확장을 한다면 판매시설로 5번 영업 시설군으로 용도 변경을 하여야 합니다. 이 경우 상위군으로 변경하기 때문에 허가를 받아야 합니다.

② 신고사항

건축물의 용도를 하위군의 용도로 변경하는 경우에는 시장·군수·구청장에게 신고만 하면 됩니다.

예) 7번 근린생활 시설군에 있는 제1종 근린생활시설인 바닥면적 200m² 슈퍼마켓을 8번 주거업무 시설군에 있는 단독주택으로 변경할 때는 하위군으로 변경하는 것이기 때문에 신고만 하시면 됩니다.

③ 신고 없이 용도 변경
- 동일 시설군으로 용도를 변경하는 경우 즉, 제1종 근린생활시설에서 제2종 근린생활시설로 용도를 변경하는 경우
- 이전 용도로 다시 변경하는 경우(단, 증축/개축/대수선을 수반하는 경우는 제외)
- 용도 변경 부분의 바닥면적의 합계가 100m² 미만인 경우
- 동일한 건축물 안에서 면적의 증가 없이 위치를 변경하는 용도 변경인 경우

건축물대장상의 기재내용 변경 신청으로 용도 변경이 이루어집니다.

3. 상가 권리금 산정 Know-how

권리금은 지역권리금, 시설권리금, 영업권리금 크게 세 가지로 나누어집니다. 우리가 통상 말하는 권리금은 이 세 가지를 모두 고려하여 금액으로 환산한 것을 말합니다. 그러나 권리금은 시설권리금을 제외하면 추상적이고 주관적인 금액이므로 사실상 권리금 논쟁은 끊이지 않고 있습니다.

또한 권리금은 상가 소유주와는 무관하게 전 임차인과 현 임차인의 관계에서 비롯되는 경우가 대부분이므로 향후 건물의 철거나 보상, 계

약기간 만료로 인하여 점포를 비워 주어야 할 때 법적으로 보호를 받을 수 없는 경우가 많습니다.

현재 권리금의 산정기준은 주관적이기 때문에 일반적으로 현 임차인의 영업시설비와 바닥권리금이라 일컫는 지역(위치) 프리미엄을 더한 가격을 대략 금액으로 환산하게 됩니다. 그러나 신규 업종의 경우 기존 시설이 필요하지 않을 뿐만 아니라 시설의 교체 및 신규 인테리어 등으로 인해 양 당사자(임차인과 임차 예정자)의 견해 차이가 크게 됩니다.

권리금의 특성상 권리금이 높은 지역이 상대적으로 상권이 발달한 지역이며, 그에 따른 영업력이 우수하다는 지표를 나타내 줍니다. 그러나 권리금이 높다고 해서 반드시 좋은 입지(위치)인지는 꼼꼼하게 살펴보셔야 합니다.

다음은 제가 경험상 권리금 산정 시 했던 방법입니다. 주관적인 방법이므로 절대적일 수 없으며 단순 참고하시면 좋을 듯합니다.

※ 가정

점포규모: 실제 사용 면적 15평

업종: 분식(1층), 보증금/월 임대료: 5,000만 원/300만 원

월 평균 매출액: 2,100만 원(1일 평균 매장 60만 원, 배달 10만 원)

월 영업이익: 약 520만 원(1일 평균 약 17만 원)

(* 평균 소매영업 마진율 25% 적용)

시설 및 인테리어: 5,000만 원, 사용기간: 2년

1일 유동인구: 3,000명

해당 점포의 적정 권리금은?

지역프리미엄 추정

1일 유동인구 3,000명×2만 원＝6,000만 원

* 1층 기준, 2층 70% 감가, 3층 80% 감가, 4층 이상 90% 감가

* 소비연령대(20～40대)의 유동인구 금액 환산: 2만 원/1인

(주관적 판단근거: 전단지 제작비용 및 홍보비용, 소득수준, 소비성향 등)

영업 권리금 추정

1일 영업이익 17만 원×시중 은행 예금 금리 3%＝5,100만 원

시설비 추정(* 감가상각기간은 평균 3년으로 산정)

시설 설치비 5,000만 원÷3년×잔여기간 1년＝약 1,600만 원

☞ 적정 권리금 산정: 산술평균(①＋②)÷2＝약 5,500만 원

시설비 협의

☞ 적정 권리금: 5,500만 원＋시설비 협의

Part 3 │ **상가투자수익률 바로 알자**

상가투자 시 가장 원론적인 문제가 투자금액일 것입니다. 이 투자금액을 기초로 상가투자 수익률을 구할 수 있으며, 투자 수익률은 임대수익을 기초로 이루어지기 때문에 임대료는 임차인뿐만 아니라 상가 소유자인 투자자에게도 임대료를 산정하는 일은 매우 중요한 일입니다. 그러나 상가 임대료 산정에 있어서 지금까지 대부분의 소유자들이 주변 상가의 임대료와 면적 기준으로만 산정해 왔던 것이 사실입니다. 또한 최근 들어 상가 분양 광고를 보면 연 수익률 몇% 보장, 확정 수익률 등 다양한 홍보 전략을 구사하고 있습니다. 그러나 이 모든 측면은 투자자 중심의 임대료 산정기준이며 과연 현실성이 있는지 살펴보셔야 합니다. 즉, 적정 임대료란 투자자와 임차인 모두에게 설득력이 있어야 하며, 또한 향후 지역상권의 활성화를 기대할 수 있기 때문입니다. 이는 결국 투자한 상가의 가치가 상승하는 결과를 얻게 되므로 장기적으로 투자수익률을 올릴 수 있게 됩니다.

1. 상가투자 금액 및 임대료 산정

상가의 투자수익률은 실제로 투자한 금액 대비 얻어지는 실제 수익의 비율을 말합니다. 간단히 말하자면 투자수익률을 올리기 위한 방법은 상가를 낮은 가격으로 사거나, 월세를 높게 받으면 투자수익률은 올라가게 됩니다. 그러나 부동산 가격이나 월세를 투자자가 임의적으로 정하기란 불가능합니다. 따라서 적정한 매입가격과 임대료를 산정함으로써 최대한 수익률을 높이는 것이 중요합니다.

다음의 예를 통해 어떻게 하면 상가투자 수익률을 정하는지 살펴보겠습니다(공실, 감가상각, 매각 시 가격, 양도소득세 등은 고려하지 않음).

(단위: 만 원)

내역	내용	금액	비고
① 매입가격		80,000	분양면적 20평, 전용면적 10평, 분양가격 4,000만 원/평
+ 취·등록세	4.60%	3,680	주택(85m² 이하 2.2%, 85m² 이상 2.7%)
+ 각종 수수료	1.10%	880	중개수수료 0.9% 협의, 법무사 수수료 약 0.2%
– 임대보증금	5,000	5,000	보증금 5,000/월 400만 원 (* 서울시 상가임대차보호법 월세 환산 2억 6천만 원 이하)
– 대출액	40%	32,000	감정평가금액 기준, 연 이자 8%
+ 대출수수료	2%	640	약 2%
② 순 투자금액		48,200	
연간 임대료	400	4,800	월 400만 원 * 12
– 연간 이자	8%	2,560	연 이자 8%
– 임대 소득세	26%	726	4,600만 원 이상 8,800만 원 이하 26%, 누진공제 522만 원
③ 연간 순소득		1,514	
④ 투자수익률		3.14%	연간 순소득/순 투자금액

1) 매입가격

상가의 구입가격을 결정하는 것이 가장 중요한 부분입니다. 상가를 구입할 때에는 실제 사용 가능한 면적이 어떻게 되는지 확인하셔야 합니다. 분양면적 대비 전용면적(실제 사용면적) 비율은 일반적으로 50% 정도 한다고 보면 분양면적이 20평이라고 하면 실제 사용 가능한 면적은 10평 정도가 됩니다. 이때 과연 10평 규모로 영업이 가능한 업종이 무엇인지 고려해 봐야 합니다.

상가 임차인들은 분양면적보다는 전용면적이 더 중요하기 때문입니다.

2) 실제 투자금액

매입가격에서 각종 세금과 수수료를 더하고, 임대보증금과 은행 대출금을 차감한 가격에서 대출 수수료를 더한 것이 실제 투자금액이 됩니다.

Tip 레버리지 효과(Leverage Effect)

타인으로부터 빌린 차입금을 지렛대로 삼아 투자수익률을 높이는 것으로 지렛대 효과라고도 합니다. 예를 들어 10억 원의 자기자본으로 1억 원의 순익을 올리게 되면 투자수익률은 10%가 되지만, 자기자본 5억 원에 5억 원을 대출받아 1억 원의 순익을 올리게 되면 투자수익률은 20%가 됩니다.

* 대출이자비용보다 월세가 많을 경우 적극적으로 활용하는 것이 유리하지만, 대출이 많을 경우 부동산 경기 악화 시 이자부담으로 위험이 많습니다.

3) 연간 순소득

연간 임대소득(월세)에서 연간 대출금 이자와 임대소득세를 빼면 연간 순소득을 구할 수 있습니다. 상가투자 시 자칫 대출금 이자와 임대소득세를 고려하지 않고 투자수익률을 구하는 경향이 있습니다만 이자와 소득세도 비용이기 때문에 반드시 계산하셔야 합니다.

4) 투자수익률

연간 발생하는 순소득을 실제 투자한 금액으로 나누고 100을 곱하면 투자수익률을 구할 수 있습니다.

위 상가는 전용면적이 10평이며 구입금액은 8억 원입니다. 또한 보증금 5천만 원에 월세 400만 원인 점포입니다. 대출을 받은 것으로 가정하여 각종 비용을 감안하면 실제 투자수익률은 3.14%입니다.

단순히 상가가격 8억에서 보증금 5천만 원을 제한 투자금액 7억 5천만 원에 월세 400만 원이라 계산하면 이 상가의 투자수익률은 6.4%가 됩니다.

여러분도 느끼셨듯이 3.14%와 6.4%의 차이는 엄청난 차이입니다. 그러나 실제 부동산 중개업소나 부동산 거래 시 잘못된 계산법으로 투자손실을 초래할 수 있습니다.

5) 요구수익률

우리가 투자를 결정할 때는 최소한 은행예금금리보다 높은 수익을 얻기 위해 하는 것이기 때문에 투자시점의 은행예금금리를 파악하는 것이 중요합니다. 여기에 부동산 투자는 경기하락과 같은 위험요인도 고려해야 하기 때문에 은행예금금리보다 최소한 1.5~2% 높은 투자수익률을 요구하게 됩니다. 이를 요구수익률이라 합니다. 즉, 요구수익률이란 투자자가 투자를 통해 얻고자 하는 최소한의 투자수익률입니다.

만일 투자시점의 은행예금금리가 3.5%라 가정했을 경우 최소한 상가 투자수익률은 5~5.5%가 되어야 상가에 투자할 수 있습니다.

예를 들어 투자자의 요구수익률이 5.04%일 경우 위 상가의 투자수익률이 3.14%이기 때문에 투자를 하지 않을 것입니다. 위 상가의 투자수익률을 올리기 위해서는 매입가격을 낮추거나 임대료를 올리는 방법을 고려해 볼 수 있습니다.

2. 매입가격의 재조정

(단위: 만 원)

내역	내용	금액	비고
① 매입가격		66,000	분양면적 20평, 전용면적 10평, 분양가격 3,300만 원/평
+ 취·등록세	4.60%	3,036	주택(85m² 이하 2.2%, 85m² 이상 2.7%)
+ 각종 수수료	1.10%	726	중개수수료 0.9% 협의, 법무사 수수료 약 0.2%
− 임대보증금	5,000	5,000	보증금 5,000/월 400만 원 (* 서울시 상가임대차보호법 월세 환산 2억 6천만 원 이하)
− 대출액	40%	26,400	감정평가금액 기준, 연 이자 8%
+ 대출수수료	2%	528	약 2%
② 순 투자금액		38,890	
연간 임대료	400	4,800	월 400만 원 * 12
− 연간 이자	8%	2,112	연 이자 8%
− 임대 소득세	26%	726	4,600만 원 이상 8,800만 원 이하 26%, 누진공제 522만 원
③ 연간 순소득		1,962	
④ 투자수익률		5.04%	연간 순소득/순 투자금액

　　위 상가의 투자수익률을 5.04%로 올리기 위해서는 매입가격을 66,000만 원으로 재조정할 필요가 있습니다. 즉, 평당 분양가격이 높게 책정되어 있었기 때문에 분양가격을 낮추게 되면 투자수익률이 상승하게 됩니다.

3. 임대료 조정

(단위: 만 원)

내역	내용	금액	비고
① 매입가격		80,000	분양면적 20평, 전용면적 10평, 분양가격 4,000만 원/평
+ 취·등록세	4.60%	3,680	주택(85m² 이하 2.2%, 85m² 이상 2.7%)
+ 각종 수수료	1.10%	880	중개수수료 0.9% 협의, 법무사 수수료 약 0.2%
− 임대보증금	5,000	5,000	보증금 5,000/월 400만 원 (* 서울시 상가임대차보호법 월세 환산 2억 6천만 원 이하)
− 대출액	40%	32,000	감정평가금액 기준, 연 이자 8%
+ 대출수수료	2%	640	약 2%
② 순 투자금액		48,200	
연간 임대료	503	6,036	월 503만 원 * 12
− 연간 이자	8%	2,560	연 이자 8%
− 임대 소득세	26%	1,047	4,600만 원 이상 8,800만 원 이하 26%, 누진공제 522만 원
③ 연간 순소득		2,429	
④ 투자수익률		5.04%	연간 순소득/순 투자금액

매입가격의 변동(하락) 없이 임대료 상승을 통해 상가투자수익률을 올리는 것은 통상 행하여지는 방법입니다.

이것은 임차인에게 부담을 전가시키는 방법으로 위 상가의 경우 기존 월 임대료 400만 원에서 503만 원으로 상승했을 때 투자수익률이 5.04%로 상승하게 됩니다.

그러나 해당 상권의 적정 임대료가 어느 정도 형성되어 있기 때문에 투자수익률을 올리기 위해 임대료를 높게 되면 공실이 발생할 가능성이 커지게 됩니다.

즉, 단순히 상가 수익률을 올리기 위해 임대료의 상승보다는 매입가격을 재조정하는 것이 투자자 입장에서 바람직합니다.

Chapter 6

부동산 투자분석

Part 1

숫자로 풀어 보는 부동산 투자

지금까지의 우리나라 대부분 사람들의 생각은 부동산은 단순히 투자를 하면 수년 내에 가격이 오를 것이라는 막연한 기대감과 개발이익을 얻을 수 있다는 생각으로 과거 부동산 경기가 급속한 상승 시에 투자를 해 왔던 것이 사실입니다.

IMF 이후 부동산 경기가 급속히 하락하고 외국자본이 들어오면서 부동산의 실질적인 투자분석방법들이 소개되었습니다. 그러나 10년이 지난 지금까지도 우리의 부동산 투자방법은 크게 변화되지 않고 있습니다.

시중의 부동산 투자분석에 관련된 서적들은 일반인들에게는 다소 생소하고 어려운 부분이 많은 것이 사실입니다(ex NPV, IRR, 미래가치, 현재가치 등).

이 책에서는 최대한 이해하기 쉽게 설명하도록 노력을 할 것입니다. 또한 부동산 투자분석 기법은 토지, 아파트, 상가점포, 상가빌딩, 오피스텔, 오피스 등 다양하게 활용할 수 있습니다.

부동산 투자분석을 하기 위해서는 몇 가지 용어의 의미를 아셔야 합니다.

1. 현재가치

PV(Present Value)는 현재가치라는 뜻입니다.

이 의미는 부동산을 구입할 때 미래에 발생하게 될 수익을 현재 구입 시점으로 계산하는 것을 말합니다.

예) 2009년 1월 1일 100원을 은행에 예금(이자율 연 10%)을 했을 때 2009년 12월 31일 110원을 지급받게 됩니다(단, 이자소득세 배제). 이렇듯 1년 후의 110원은 현재 시점에서 100원과 같은 금액입니다. 이것을 1년 뒤 110원의 PV(현재가치)는 100원이라고 합니다.

여기서 중요한 것은 '이자율'입니다. '이자'는 우리가 투자활동을 하지 않더라도 은행에 예금을 하게 되면 당연히 받게 되는 불로소득입니다. 따라서 100원을 부동산에 투자하여서 얻는 수익이 은행에 예금해서 얻는 이자보다 낮다면 투자를 할 필요가 없게 되기 때문입니다.

공식 $\qquad PV = \dfrac{A}{(1+r)^n}$ (A＝원금, r＝이자율, n＝기간)

예) 3년 후 1,000원의 현재가치는? (이자율 10%)

PV = $1{,}000/(1 + 0.1)^3 = 751$

2. 미래가치

FV(Future Value)는 미래가치를 의미합니다. 앞서 설명한 PV(현재가치)와 반대되는 개념으로 현재 100원이 1년 뒤에 어느 정도의 가치가 되는가를 알기 위한 것입니다.

예) 이자율이 연 10%일 때 현재의 100원은 1년 뒤 110원이 되게 됩니다. 즉, 현재 100원의 1년 뒤 미래가치는 110원이라는 뜻입니다.

공식 　　　$FV = A \times (1+r)^n$ 　　　(A＝원금, r＝이자율, n＝기간)

예) 현재 1,000원의 3년 후 미래가치는? (이자율 10%)

$FV = 1,000 \times (1 + 0.1)^3 = ₩1,331$

3. 순 현재가치

NPV(Net Present Value)는 한글번역 그대로 'Net(순) Present(현재) Value(가치)' 순 현재가치를 뜻합니다.

이는 미래에 발생하는 각각의 현금흐름을 '이자율'로 할인하여 현재 시점 금액으로 환산하는 것을 말합니다. 이때 '이자율'을 '할인율', '요구수익률'이라고 합니다.

NPV는 미래의 특정 시점의 가격을 현재 시점의 가격으로 환산하는

PV와는 달리 미래에 발생하는 일정기간의 현금흐름(월 단위, 연 단위)을 현재 시점의 가격으로 환산하게 됩니다.

예를 들어 부동산을 구입하여 5년 동안 보유했을 때 매년 임대소득이 발생한다면 이때 매년 발생하는 현금흐름들을 현재가치의 합산으로 구하는 것이 NPV입니다.

그러나 NPV값을 수작업으로 구하기에는 시간도 많이 걸리고 계산도 복잡하기 때문에 'EXCEL' 프로그램을 이용하여 구하는 것이 바람직합니다.

$$NPV = -A_0 + \sum_{t=1}^{N} \frac{A_t}{(1+r)^t}$$

t=현금흐름 기간, N=부동산 전체 기간, r=이자율(할인율)

A_0=초기 투자원금, A_t=현금흐름 기간의 순현금흐름

문) 1,000만 원으로 상가를 구입하면 3년 동안 매년 120만 원씩 월세 수익이 발생할 것으로 예상하고 있다. 3년 후 매각 가격은 1,100만 원을 받을 것으로 예상되는 이 상가의 NPV는?(투자자의 요구 수익률은 13%, 기타 비용/수익 배제)

1) T-bar의 작성

T-bar는 일징 기간별 현금흐름을 알아보기 쉬운 형식으로 표현하는 방법입니다. 그 모양이 T 자 형태여서 T-bar라고 합니다. T-bar는 기간(N)과 금액(P)으로 구분하여 기입합니다.

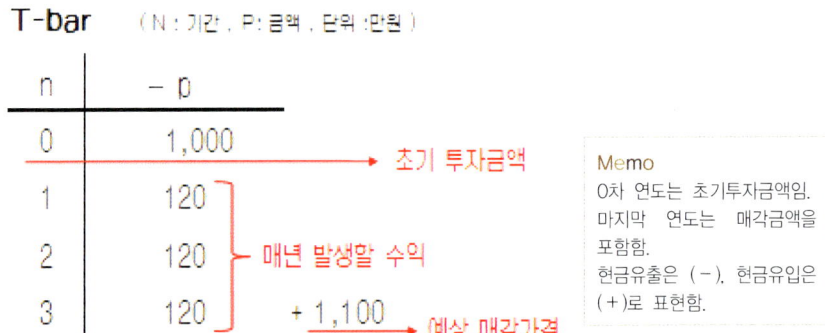

T-bar　(N:기간, P:금액, 단위:만원)

n	− p	
0	1,000	← 초기 투자금액
1	120	⎫
2	120	⎬ 매년 발생할 수익
3	120　+ 1,100	← 예상 매각가격

Memo
0차 연도는 초기투자금액임.
마지막 연도는 매각금액을 포함함.
현금유출은 (−), 현금유입은 (+)로 표현함.

2) 엑셀을 이용한 NPV 값 구하기

① 엑셀 숫자 입력

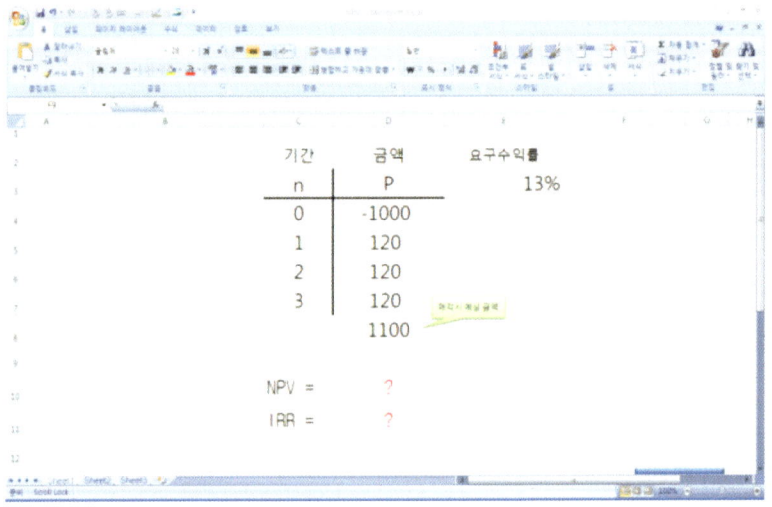

　　T－bar 형태로 연도와 금액을 각 셀에 입력을 하고 마지막 연도의 매각예정가격을 입력을 합니다. 요구수익률 값도 백분율(%)로 입력하시

면 됩니다. 재무적으로 금액이 유출되는 것을 ─, 유입되는 것을 ＋라 표시합니다. 따라서 초기투자금액은 유출되는 것이기 때문에 ─1,000이라 표시하고, 각각의 현금유입액은 유입이므로 ＋로 표시하게 됩니다 (＋별도로 표시하지 않음).

② NPV 함수의 이용

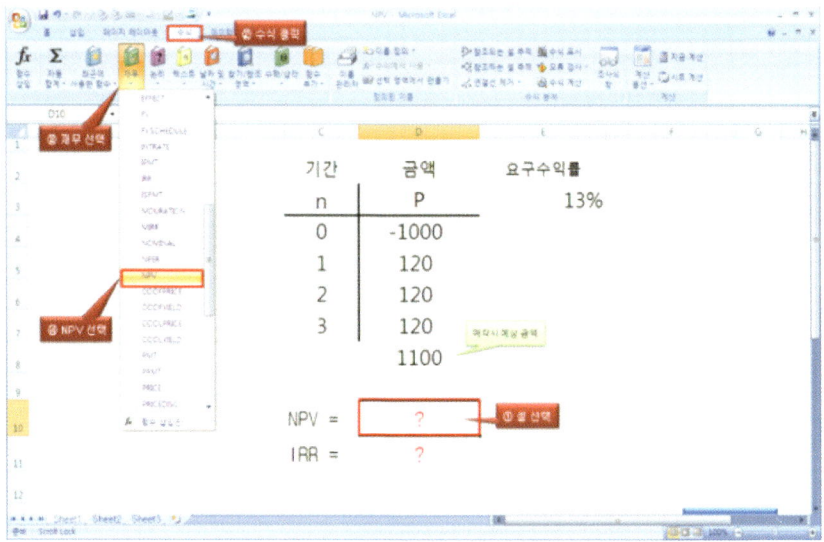

③ 값의 선택

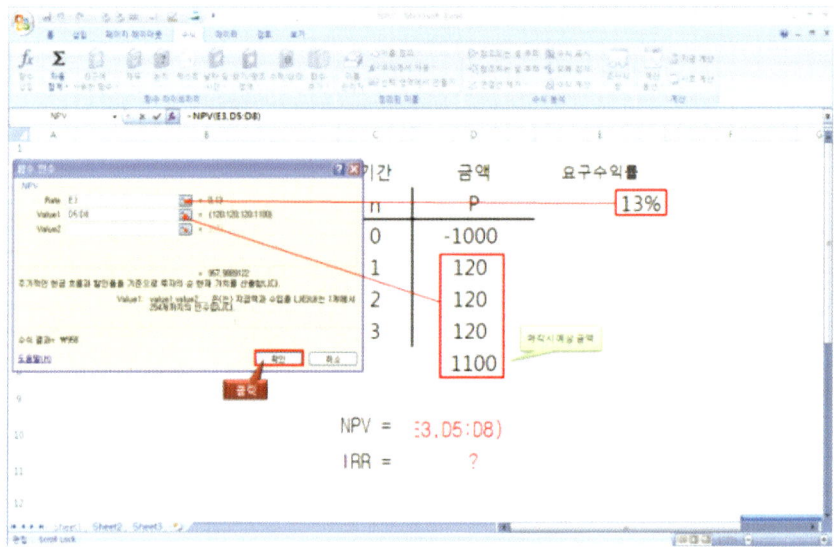

　해당 값을 Rate(요구수익률 E3), Value(금액)의 값이 여러 개일 경우 함수인수(구역 선택 D5:D7)를 이용하여 값을 선택하시면 됩니다. 또한 Value2의 값은 매각 시 예상금액도 현금유입이 되므로 값을 선택하게 됩니다. '확인'을 클릭하시면 NPV 값을 구할 수 있습니다.

3) 투자의 결정

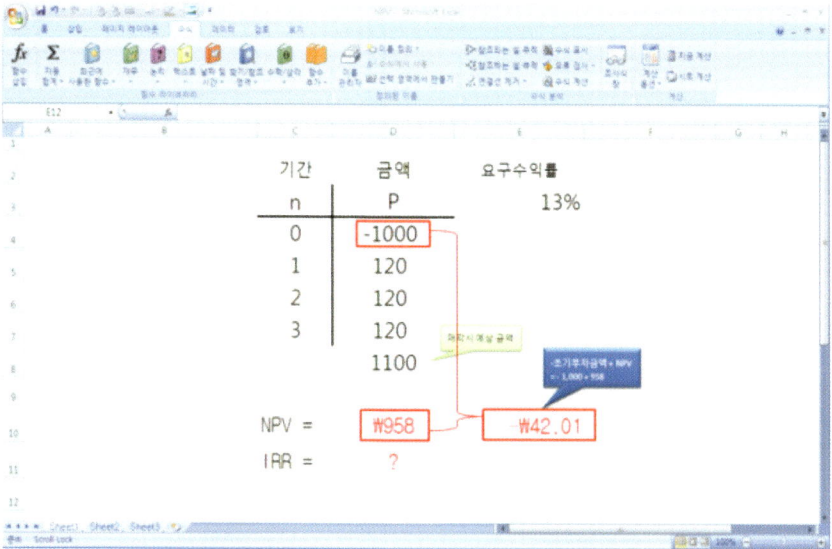

위 예의 NPV 값은 958원이며, 이 의미는 매년 발생하는 현금흐름에 대해 요구수익률 13%(or 이자율 or 할인율)로 할인한 현재가치의 합이 958원이란 뜻입니다.

그러나 이 값은 초기 투자금액이 계산되지 않은 금액이며, 이 부동산 투자가 적정한지 여부는 초기투자금액과 NPV 값의 차이를 구하게 되면 간단히 알아볼 수 있습니다.

이 두 값을 더하게 되면 −42.01원이란 값이 나오게 됩니다. 결국 이 값은 투자에 대한 NPV 값이 됩니다.

NPV 값이 0보다 작을 경우 투자는 회피하여야 하므로 예)의 투자결정은 기각되게 됩니다.

-42.01원의 뜻은 투자자의 요구수익률 13%를 충족시키기 위해서는 투자금액이 42원을 감소한 958원을 투자하여야만 13%의 요구수익률을 얻을 수 있다는 뜻입니다.

4. 내부수익률

IRR(Internal Rate of Return)

IRR는 역시 한글번역대로 'Internal(내부) Rate(률) of Return(수익)' 내부수익률이라 합니다. 내부수익률은 앞서 설명한 NPV 값을 0으로 만드는 이자율을 말합니다. 즉, NPV(미래에 유입되는 현금의 현재가치의 합)와 초기 투자금액이 같아지는 요구수익률을 말합니다.

$$NPV = -A_0 + \sum_{t=1}^{N} \frac{A_t}{(1+r)^t} = 0$$

t=현금흐름 기간, N=부동산 전체 기간, r=이자율(할인율)

A_0=초기 투자원금, A_t=현금흐름 기간의 순현금흐름

1) 엑셀을 이용한 IRR 구하기

'Excel' 프로그램으로 IRR 값을 구할 수 있습니다.

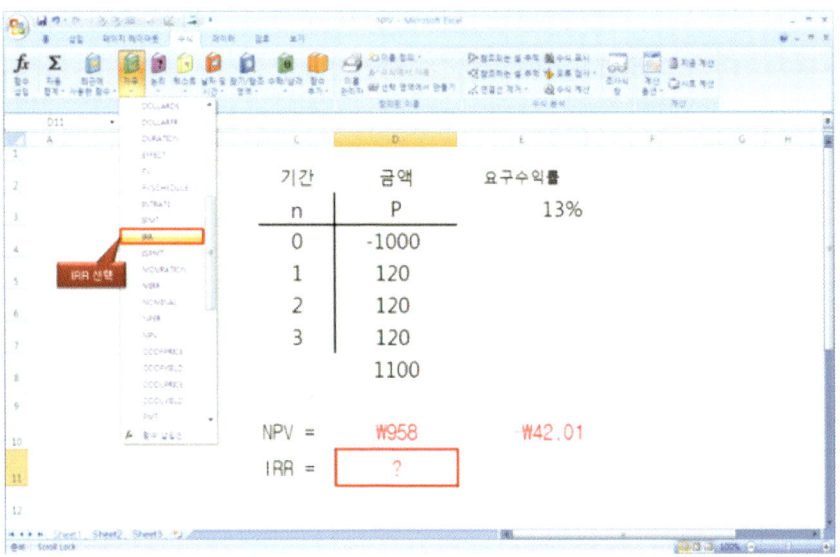

'Excel' 프로그램 상단 메뉴의 수식/재무/IRR을 선택하시면 다음과 같은 창이 나타납니다.

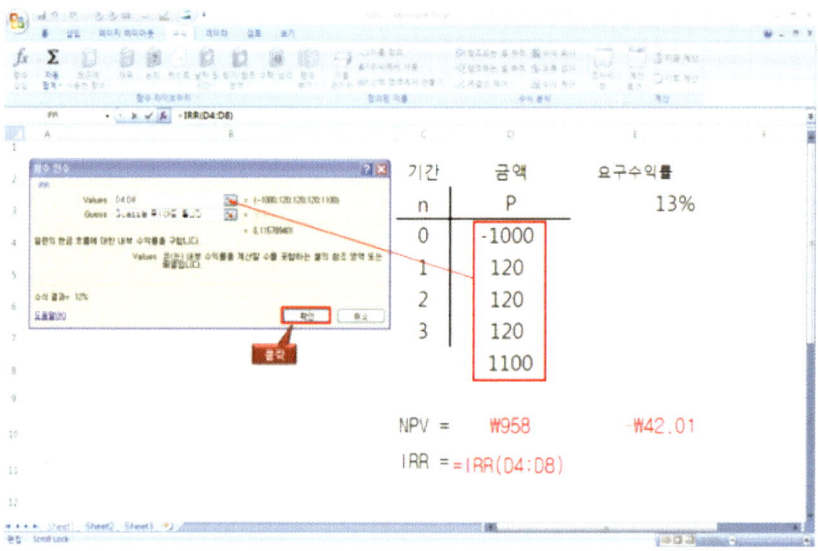

기간	금액	요구수익률
n	P	13%
0	-1000	
1	120	
2	120	
3	120	
	1100	

NPV = ₩958   -₩42.01

IRR ==IRR(D4:D8)

　IRR의 값을 구할 때 기간 동안 발생하는 초기투자금액부터 매각 시 예상가격까지 전체 현금흐름을 선택하시면 됩니다. 이때 Guess 값은 무시하셔도 됩니다. 그런 다음 '확인'을 클릭하시면 IRR 값을 구할 수 있습니다.

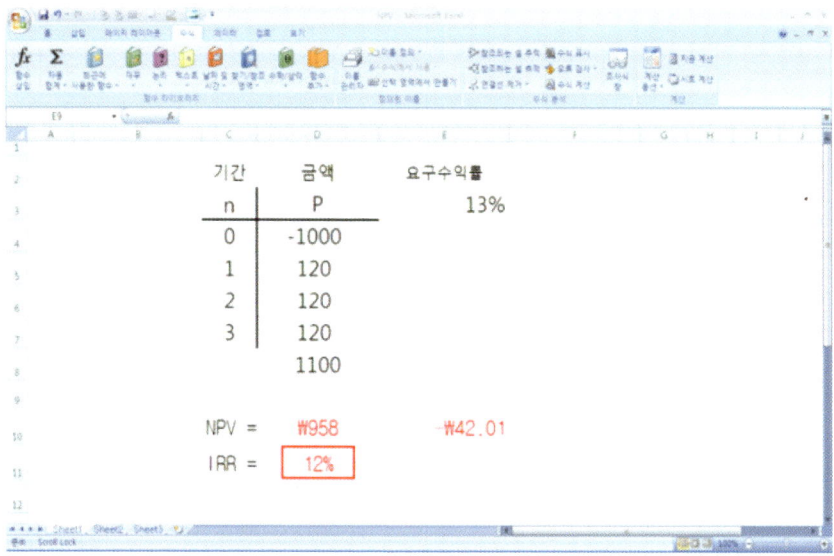

기간	금액	요구수익률
n	P	13%
0	-1000	
1	120	
2	120	
3	120	
	1100	
NPV =	₩958	-₩42.01
IRR =	12%	

　IRR 값인 12%의 의미는 초기 투자금액과 각 기간별 현금흐름의 현재가치의 합이 같게 되는 이자율입니다.

　이 값을 요구수익률에 넣어 보면 NPV 값은 1,000원이 나오게 되며, 결국 초기 투자금액 NPV는 0이 되는 것입니다.

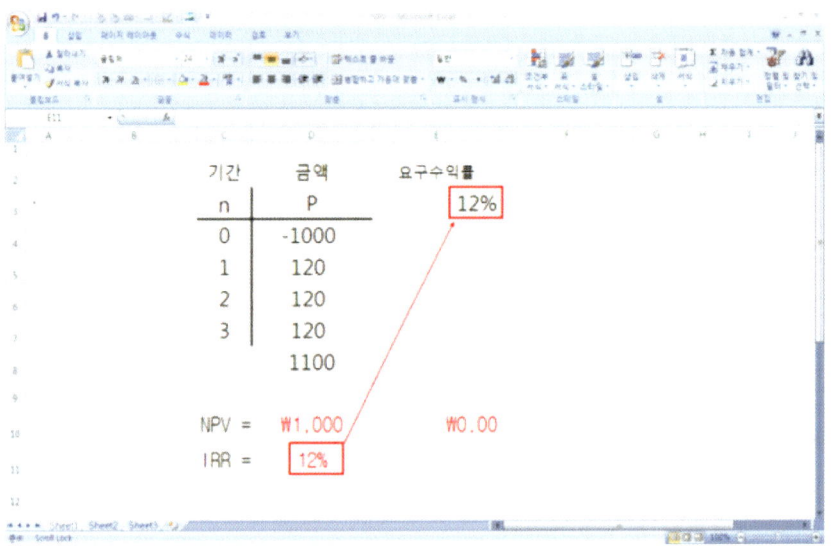

2) IRR의 의미

IRR은 투자자의 요구수익률이 적정한지 그렇지 않은지 파악하는 수
단이 됩니다. 요구수익률이 지나치게 높으면 투자물건을 선택하기가 쉽
지 않으며, 너무 낮을 경우 투자에 실패할 가능성이 높게 됩니다. 따라
서 투자자의 요구수익률과 IRR의 차이를 살펴봄으로써 부동산 투자에
대한 의사결정을 하실 수 있습니다.

Tip 토지의 경우 임대소득(지료)이 발생할 수도 있지만, 거의 대부분
이 일정기간 보유하면서 매년 종합부동산세, 재산세 등 세금을
납부한 후 매각함으로써 투자목적을 달성할 수 있게 됩니다. 이
경우에도 NPV를 통해 투자수익률을 검토해 볼 수 있습니다.

예) 토지구입 시 초기 투자금액이 1,000원이고 매년 세금으로 70원씩 납부를 할 것으로 예상됨. 3년 후 매도 시 가격은 2,000원일 것으로 추정하는 이 토지의 NPV 및 적정 구입가격은?(투자자의 요구수익률은 12%)

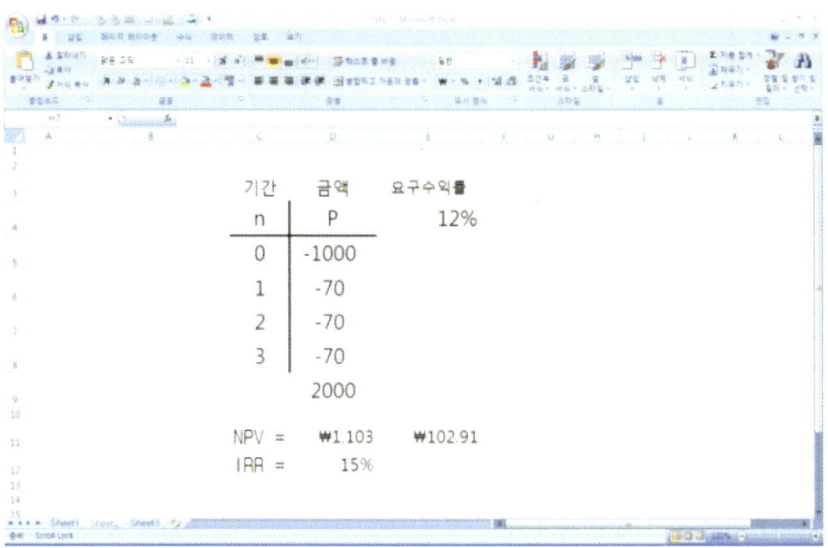

이 경우 투자자 토지구입에 따른 초기 투자비용 1,000원에다 102.91원을 더 투자한 1,102.91원에 구입하더라도 투자자의 요구수익률 12%를 충족할 수 있기 때문에 적극 투자해야 한다는 결론이 나오게 됩니다.

Part 2

임대료를 알면 부동산 가격이 보인다

임대료는 상가, 오피스빌딩, 오피스텔 등 수익용 부동산의 가격을 측정하는 가장 중요한 척도가 됩니다.

임대료를 통한 부동산 가치평가는 감정평가방식의 수익환원법으로 임대료, 관리비 등의 부동산 소유에서 발생하는 모든 소득을 부동산 가치로 환원하는 것입니다.

1. 부동산 가격 추정

상가건물, 상가점포, 오피스텔, 오피스 등 수익이 발생하는 부동산의 시장가치(가격)를 평가하는 일은 많은 노력이 필요합니다. 시장 내에서 거래되는 수익용 부동산과 비교하여 투자대상의 가격을 추정할 수 있습니다.

먼저 해당 부동산의 수익(임대수익)과 주변 부동산의 가격과 임대소득을 알아야 합니다.

이때 주변 부동산 가격 대비 임대소득 비율을 '자본환원율'이라 합니다. 즉, 해당 지역의 투자수익률이라 생각하시면 됩니다.

2. 부동산 가치 평가 공식

$$V = \frac{I}{R} \quad (\text{Value=부동산가치, Incom=임대소득, Rate=자본환원율})$$

예) 해당 부동산의 가격을 모르는 상태에서 연간 실질 임대소득이 1,000원이고 그 지역 자본환원율이 10%라면 이 부동산의 가격은?

$V = 1,000 \div 0.1 = 10,000$원

즉, 해당 부동산의 가격은 10,000원이라고 추정하는 것입니다.

이는 곧 해당 지역 주변 부동산에 투자했을 경우 연 10% 정도의 투자수익을 얻을 수 있다는 것을 보여 줍니다.

그러나 개별 부동산의 상태 및 조건을 고려하지 않은 것이므로 실제로 이 방법을 이용해 단순히 부동산 가격을 평가하는 것은 피해야 합니다.

가장 최선의 방법은 앞서 설명드린 NPV(순 현재가치)법을 이용하는 것이 보다 현실적이고 신뢰도가 높기 때문입니다.

이 방법은 부동산 투자 시 몇 년 후 부동산 매각 시 매각가격을 추정할 때 도움이 됩니다.

이 밖에도 부동산 투자분석을 하는 방법은 다양합니다. 각각의 투자분석방법을 적용함으로써 투자에 대한 의사결정의 정확성을 높이는 데 목적이 있습니다. 그러나 무엇보다 가장 중요한 것은 투자자의 정확한 판단능력과 확신이 아닐까 싶습니다.

Chapter 7

부동산 세금

Part 1

세금은 부동산 투자의 그림자이다

　　부동산 투자 시 세금을 고려하지 않을 수 없습니다. 세금은 반드시 부담해야 하지만 투자자 입장에서는 비용으로 간주되기 때문에 항상 세금을 절약할 수 있는 절세방법을 찾아야 할 것입니다.

　　다양한 세금 중에서도 부동산 관련 세금은 부동산 구매활동의 흐름에 따라 크게 취득세, 등록세, 재산세, 종합부동산세, 양도소득세, 증여세, 상속세 등으로 나누어 볼 수 있습니다. 이 중 양도소득세, 증여세, 상속세, 종합부동산세는 국세에 속하며 취득세, 등록세, 재산세는 지방세입니다. 따라서 이번 장에서는 부동산 관련 세금을 살펴보고 절세할 수 있는 방법이 무엇인지 알아보도록 하겠습니다.

1. 유용한 부동산 세금 정보

　　부동산 세금에 관련하여 국세청 홈페이지(http://www.nts.go.kr/)에 접속하시면 다양한 정보를 얻으실 수 있습니다.

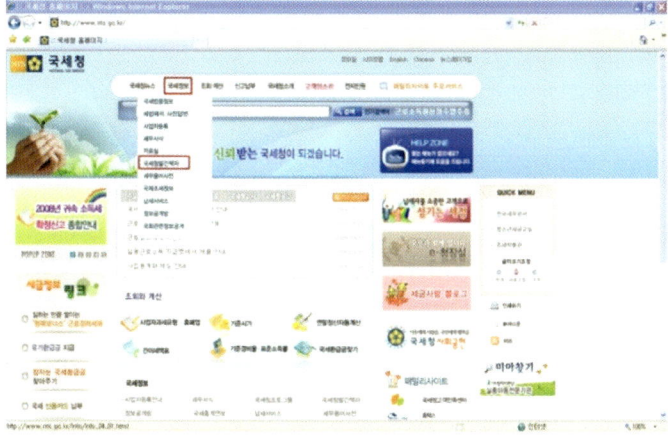

출처: 국세청

　국세청 홈페이지 상단의 '국세정보'를 클릭하시고 '국세청발간책자'로
들어가시면 절세방법을 비롯한 부동산 관련뿐만 아니라 일상생활의 세
무정보까지 무료로 다운로드하여 이용하실 수 있습니다.

출처: 국세청

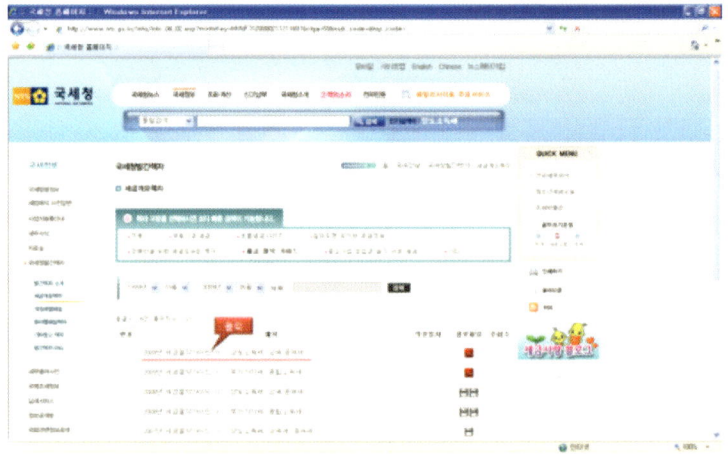

출처: 국세청

2. 취득세 및 등록세

1) 과세 대상

① 취득세

부동산(토지·건축물), 입목, 골프 및 콘도미니엄회원권, 종합체육시설회원권, 지목변경 등

② 등록세

부동산(토지 건축물), 선박, 항공기, 차량, 건설기계 등

2) 신고기간

① 취득세

취득일로부터 30일 이내 자진 신고 납부하여야 하며(상속의 경우 6개월 이내 단, 외국주소지는 9개월 이내), 신고 납부하지 않거나 부족하게 납부한 경우에는 신고불성실 가산세 20%와 1일 0.03%씩 가산됩니다.

② 등록세

등기 및 등록을 하기 전 등록세를 납부하여야 하며 단, 적게 납부하였을 경우에는 20%의 가산세를 추가 납부하여야 합니다.

3) 취득세 신고가격

실거래가격으로 신고하는 것이 원칙이나 시가표준액보다 적을 경우 시가표준액으로 신고합니다. 예외적으로 국가·지방자치단체로부터의 취득, 경매 및 공매, 수입에 의한 취득, 법인장부, 판결문 등에 의하여 입증되는 거래는 실거래가격으로 신고합니다.

4) 취득세 납부시기

매매, 교환, 현물출자 등은 계약서상의 잔금지급일 또는 등기등록일 중 빠른 날이며 증여, 기부는 계약일, 상속의 경우는 상속개시일(사망일)이 취득일이 됩니다.

건축에 의한 취득은 사용승인서 교부일이며 교부일 이전에 사실상 사용하거나, 임시 사용을 한 경우에는 그 사실상의 사용일 또는 임시사용승인일이 취득의 시기가 됩니다.

연부취득(할부 취득)의 경우 사실상 연부금(할부금) 지급일입니다.

5) 취득세 및 등록세 세율

구분	세목	취득세	농어촌특별세 (취득세액의 10%)	농어촌특별세 (감면세액의 20%)	등록세	지방교육세 (등록세액의 20%)	농어촌특별세 (감면세액의 20%)	합계 세율
표준세율		2	0.2	-	2	0.4	-	4.6
주택 (유상거래)	85m² 이하	1	비과세	비과세	1	0.2	비과세	2.2
	85m² 초과	1	0.1	0.2(감면 1%*0.2)	1	0.2	0.2(감면 1%*0.2)	2.7
농지 (유상거래)	신규	2	0.2		1	0.2		3.4
	2년 이상(자경)	1	비과세	비과세	0.5	0.1	비과세	1.6
신축		2	0.2	-	0.8	0.16	-	3.16
상속	일반	2	0.2	-	0.8	0.16	-	3.16
	자경농민	면제	면제		0.3	0.06		0.36
증여		2	0.2 ·	-	1.5	0.3	-	4

* 2009. 12. 31까지 한시 적용

취득자의 주소지가 취득하는 농지 및 임야소재지 시·군·구 및 그 지역과 인접한 시·군·구 또는 취득하는 농지 및 임야의 소재지로부터 20㎞ 이내의 지역에 해당되면 50% 감면이 됩니다. 단, 도시지역에 해당되면 안 됩니다.

6) 취득세 중과세율

취득세의 중과세율은 취득가액의 10%이며 고급주택, 유흥주점, 법인의 비업무용 토지 등이 중과세 적용 대상입니다.

7) 주요 비과세 대상

① 취득세
- 비영리사업자(종교단체, 사회복지법인, 사회교육단체 등)가 그 사업에 사용하기 위한 취득
- 존속기간 1년 이내에 임시 사용 건축물 취득
- 토지수용에 따른 대체 부동산의 취득(마지막 보상금을 받은 날로부터 1년 이내)
- 취득가액 50만 원 이하는 면세하게 됩니다.

② 등록세
- 공익사업을 목적으로 하는 비영리사업자가 사업에 직접 사용하기 위한 부동산에 관한 등기
- 마을회 등 주민공동체의 주민공동소유 부동산 및 선박의 등기
- 지적공부상 지목이 묘지인 토지에 관한 등기
- 천재지변 및 토지수용 등으로 인한 대체 취득 시 취득세가 비과세되는 부동산
- 대체취득 및 형식적인 소유권의 취득에 대한 등기

8) 취득세 및 등록세 면제

- 건물의 연면적 또는 전용면적 40m²(약 12.1평) 이하, 1억 원 미만의 주택을 취득하여 1가구 1주택인 경우(당해 주택을 취득한 날부터 30일 이내에 종전 주택을 처분해야 합니다. 단, 증여 제외)
- 중소기업자가 아파트형 공장을 분양받아 취득하는 경우 100% 감면합니다(단, 아파트형 공장을 취득한 후에 정당한 사유 없이 취득한 날로부터 1년 이내에 지정한 공장 또는 사업에 직접 사용하지 아니하는 경우 또는 5년 이내에 매각하거나 다른 용도에 사용하는 경우 면제된 취득세와 등록세를 추징함).

Tip 1가구 1주택

취득일 현재 주민등록법에 의한 세대별 주민등록표에 기재되어 있는 세대주와 그 가족(동거인은 제외)으로 구성된 1가구(세대주의 배우자와 미혼인 30세 미만의 직계비속은 동일한 세대별 주민등록표에 기재되어 있지 아니하더라도 동일한 가구에 속한 것으로 본다.) 내에 1개의 주택을 소유하는 것을 말합니다.

3. 부동산 보유 시 세금

부동산 보유 시 매년 6월경 2건의 납세 고지서를 발급받게 됩니다. 하나는 건물분에 부과되는 재산세 고지서이고, 또 하나는 토지분에 부과되는 종합토지세입니다. 이렇듯 건물과 토지에 대해 각각 세금이 부과되고 있습니다.

이 책에서는 기본적인 개념 위주로 설명을 드리겠습니다.

1) 재산세

구분	재산세
정의	건축물, 선박, 항공기 등 과세대상이 되는 재산을 소유하고 있는 경우에 부과되는 지방세(미등기 건축물 포함)①
납세의무자	건축물 등의 소유자(건축물 대장상의 소유자)
과세표준	과세시가표준액
세율	일반 세율과 중과세 세율로 구분
	일반 기본 세율 0.3%, 1,200만 원 초과 시 5단계 누진세율
	별장 등 사치성 재산 5% 중과세율 적용
과세기준일	매년 6월 1일②
납기일	매년 7월 16일~31일

① 미등기 건축물

미등기 건축물은 무허가건물과는 달리 합법적으로 건축허가나 신고절차를 거쳐 행정관청에 등재가 되어 건축물대장이 존재합니다. 다만 등기를 내지 않았을 뿐입니다. 따라서 재산세 부과 대상이 됩니다. 또한 재산세 납부 고지서 또는 영수증은 토지와 건물의 소유권 구분이 쉽지 않을 때 법정지상권 성립 여부를 판단하는 중요한 수단이 됩니다.

② 과세기준일

재산세 과세기준일은 부동산 양도, 양수 시 신경 써야 할 부분입니다. 그 이유는 과세기준일이 6월 1일 기준이므로 부동산 양수인의 사실상의 취득일이 5월 31일이라면 재산세 납부 의무가 있습니다. 반면 양도자는 재산세 납부의무를 면하게 됩니다(종합토지세도 동일).

2) 종합토지세

구분	종합토지세
정의	토지를 보유하고 있는 경우에 부과되는 지방세
납세의무자	토지 소유자
과세표준	과세시가표준액
세율①	토지용도에 따라 별도합산과세, 분리과세, 종합합산과세 구분 적용
과세기준일	매년 6월 1일
납기일	매년 10월 16일~10월 31일

3) 종합토지세 세율

종합토지세의 세율은 토지의 이용 상황에 따라 별도합산과세, 분리과세, 종합합산과세로 적용하고 있습니다.

- 별도합산과세는 일반 건축물의 부속 토지, 일반 영업용 건축물의 부속 토지 등 사업에 직접 사용되고 있는 토지가 대상입니다.
- 분리과세는 저율의 분리과세대상과 고율의 분리과세 대상으로 나누어지는데 전·답·과수원·목장용지·임야 및 기준 면적 이내의 공장용지, 공급목적 등으로 소유하는 토지 등은 저율의 분리과세대상이고, 사치성 재산인 골프장용 토지와 고급오락장용 토지는 고율의 분리과세대상이 됩니다.
- 종합합산과세대상은 지상정착물이 없는 토지, 잡종지, 기준 면적을 초과하는 공장용지, 일반건축물 부속 토지 중 기준 면적 초과 토지, 부재지주소유농지 등으로서 분리과세대상과 별도 합산하는 과세대상을 제외한 모든 토지가 이에 해당됩니다.

4. 부동산 임대 소득세

구분	내용	비고
등록기준	2가구 이상	동일 시·군·구에 위치한 업무용 오피스텔은 임대주택이므로 등록 안 됨.
등록절차	주민등록 등·초본, 임대주택 매매계약서	관할 시·군·구청에 잔금수령 전 등록
신고사항	계약기간, 보증금, 임대료 등	입주예정일 10일 전까지 신고, 임대 개시일로부터 3개월 이내에 주택임대신고서 제출
취·등록세 감면	전용면적 60m²(18평) 이하의 신규 분양주택이나 미분양주택을 2채 이상 구입 시 100% 면제	전용면적 60m² 초과~85m² 이하 50% 감면
과세대상	부동산 및 부동산 권리 임대	1개 주택 소유자의 임대는 비과세 전·답의 임대수익 농지세 과세대상임. * 전세보증금은 비과세
보유 시 세금	전용면적 60m² 이하 전액 면제 전용면적 85m² 이하 50% 감면	농어촌 지역 소재에 따라 판단
부가가치세 (사업자등록)	6개월간 임대소득이 1,200만 원 이상 시 부가가치세 납부	1,200만 원 이하도 신고, 납부 면제 * 임대소득 4,000만 원 이상 일반과세자
세금납부	종합소득세 합산 과세	부동산임대소득 = 총임대수익 − 필요경비①
양도소득세	50~100% 감면	5년 이상 보유 시
종합소득세율	과세표준　　　　세율 1,200만 원 이하　　8% 4,600만 원 이하　　17% 8,800만 원 이하　　26% 8,800만 원 초과　　35%	(누진공제 없음.) (누진공제 108만 원) (누진공제 522만 원) (누진공제 1,314만 원)

부동산 임대소득

부동산 임대소득은 임대료, 관리비, 간주임대료(전세금, 보증금 등에 대해 국세청장이 고시, 2008년 5% 적용)를 합산한 임대 총수입에서 필요경비(관리비, 인건비 등)를 차감한 금액입니다.

부동산 임대사업자는 관할 시·군·구청에 임대사업자 등록을 하여야 하며, 부가가치세 환급 및 양도소득세 감면 해택을 받기 위해서는 관할 세무서에 사업자등록을 하여야 합니다.

※부동산 임대 소득 절세 방안

- 세무서에 사업자 등록을 통해 상가나 오피스텔의 분양 경우 부가가치세 10%를 포함하여 취득하므로 업무용 건물일 경우 부가가치세를 환급받을 수 있습니다(단, 주거용 건물인 경우 환급이 없으며, 일반 매매의 경우 주거용 오피스텔은 부가가치세 부담 없음).

- 부동산 임대소득은 종합소득세에 합산하여 과세되므로 소득이 적은 사람(배우자)이 취득하는 것이 유리합니다(부부 사이 증여세 6억 원 미만은 비과세).

- 부동산 임대소득이 많을 경우 장부를 기장하는 것이 간주임대료, 필요경비 등이 유리하여 세금을 절감할 수 있습니다.

5. 상속세 및 증여세

구분	상속세	증여세
과세가액	상속가액①	증여가액
신고기간	상속일로부터 6개월 이내	증여일로부터 3개월 이내
상속지분	배우자 1.5, 나머지 1 단, 유서로 인한 분쟁 시 법정상속지분의 1/2 상속	
공제	배우자 5억 원(30억 원 한도) 기초 공제 2억 원 기타 인적 공제 일괄 공제 5억 원	배우자 6억 원 직계존비속 3천만 원 단, 미성년자 1,500만 원 그 외 친족 5백만 원 재해 손실 공제(비거주자 제외)
할증과세	세대를 건너뛴 상속 시 30%	직계비속의 경우 산출세액의 30% 할증
세액공제	신고기한 내 납부 10% 공제	3개월 내 신고(발신주의) 10% 공제
비과세	금양토지, 묘토인 농지	장애인이 직계 및 친족으로부터 증여받은 재산 중 신탁회사에 신탁한 재산(금전, 부동산, 유가증권)에 대하여 5억 원까지 비과세
세율	과세표준 1억 이하 1억 초과 5억 이하 5억 초과 10억 이하 10억 초과 30억 이하 30억 초과	세율 누진공제 10% - 20% 1천만 원 30% 6천만 원 40% 1억 6천만 원 50% 4억 6천만 원

상속가액

- 상속개시 전 피상속인이 재산을 처분하여 받거나 채무부담금액, 피상속인의 재산에서 인출한 금액을 재산종류별로 구분하여 상속개시일 전 1년 이내에 2억 원 이상이거나 2년 이내에 5억 원 이상인 경우로서 용도가 명백하지 아니한 경우에는 상속재산으로 간주합니다.

- 상속개시 전 피상속인이 상속인(10년 이내) 및 상속인 이외의 자(5년 이내)에게 증여한 재산으로서 1천만 원 이상의 금액은 상속으로 간주합니다.

Part 2

부동산 투자의 고민 – 양도소득세

부동산 거래활동 시 항상 궁금하고 고려해야 할 사항이 양도소득세입니다. 그 이유는 양도소득세의 세금이 가장 큰 이유이기도 합니다.

일반적으로 1세대 1주택은 오랜 기간 보유하면 양도소득세를 내지 않아도 된다고 알고 있습니다. 그러나 세부적인 내용에 따라 정확하게 알아야 합니다.

이 장에서는 반드시 알아야 할 내용을 위주로 설명을 하겠습니다.

1. 과세대상

양도소득세는 토지, 건물(주택 포함), 부동산을 취득할 수 있는 권리(아파트 분양권 등) 및 비상장회사의 주식 및 상장회사의 대주주 지분 등을 양도하거나 기타 부동산에 관한 권리(지상권, 전세권 등) 등을 양도하는 경우에 과세하게 됩니다.

양도의 대가가 없는 교환, 부담부증여, 법인에 대한 현물출자, 가등기에 기한 본등기, 이혼위자료 지급으로 하는 소유권이전(이혼으로 인한 재산분할청구권에 의한 소유권이전은 비과세) 등도 과세대상입니다.

2. 신고기간 및 세금납부

1) 신고기간

양도소득세 과세대상을 양도한 사람은 양도한 날이 속하는 달의 말일부터 2월 이내에 예정신고를 하여야 하며, 예정신고를 하지 않은 경우에는 다음 연도 5월 1일부터 5월 31일까지 확정신고를 하여야 합니다. 예정신고를 하고 세금을 납부하면 세금의 10%를 공제받습니다.

매입가보다 매도가가 낮아 양도소득이 발생하지 않더라도 신고를 해야 합니다.

2) 연부납부

양도소득세는 예정신고 또는 확정신고를 할 때 납부할 세액이 1천만원을 초과하는 경우에는 납부세액의 일부를 납부기한 경과 후 2개월(이전 45일) 이내에 나누어 낼 수 있습니다(납부세액이 2천만 원 이상일 경우 50/100의 금액을 납부하여야 합니다).

3. 산출방법

- 양도가액 – 취득가액 – ① 필요경비(취득세, 등록세 등) = 양도차익
- 양도차익 – ② 장기보유특별공제 = 양도소득금액
- 양도소득금액 – 양도소득기본공제(250만 원) = 과세표준
- 과세표준 × 세율 = 산출세액
- 예정신고납부세액공제 10%

1) 필요경비

필요경비는 취득가액 및 부대비용(취득세, 등록세 등 취득 시 세금, 중개수수료 등), 취득 관련 소송·화해비용, 약정이자 상당액, 채권매각차손(국민주택채권할인액 공제), 자본적지출액(리모델링, 보일러 교체, 발코니 확장, 재건축 부담금, 상하수도 배관 교체 등), 양도 시 중개수수료, 세무대리비용(신용카드 사용분) 등입니다. 따라서 해당 증빙자료를 꼼꼼히 모아 두시는 것이 중요합니다.

* 필요경비 불인정

재산세, 종합부동산세, 수익적 지출액(화장실 수리, 싱크대 교체, 도배, 장판, 문짝 교체 등), 양도신고 간접비(양도 신고 수수료 등) 등은 필요경비로 인정을 받지 못합니다.

2) 장기보유 특별공제

장기보유 특별공제는 3년 이상 보유한 등기된 토지, 건물에 대해서만 적용이 됩니다.

따라서 3년 미만 보유하거나, 미등기양도자산, 60% 중과세율이 적용되는 1세대 3주택(조합원 입주권 포함) 이상자의 양도주택, 50%의 양도소득세율이 적용되는 1세대 2주택자의 양도주택, 비사업용 토지로서 60% 세율이 적용되는 자산 등은 공제대상이 아닙니다.

4. 세율

양도소득세 세율은 토지와 건물에 대해서는 보유기간에 따라 다르고, 일반적인 토지 건물과 비사업용인 토지 건물의 세율이 다릅니다.

<양도소득세 요율표>

구분	보유기간	과세표준	2009년	2010년	2011년 (예상)	비고
기본세율 토지, 1세대 1주택	2년 이상	1,200만 원 이하	6%	6%		
		4,600만 원 이하	16%	15%		누진공제 108만 원
		8,800만 원 이하	25%	24%		누진공제 522만 원
		8,800만 원 초과	35%	33%		누진공제 1,314만 원
	1년 미만		50%	50%		
	1년~2년 미만		40%	40%		
1세대 1주택①	3년 이상		비과세			9억 초과분 과세②
1주택 * 일시 1주택 취득	기존주택 처분 시		비과세 또는 일반세율			투기지역 상관없음.
	신규주택 처분 시		기본세율			
1주택 * 1감면주택 취득	기존주택 처분 시		비과세			기존주택 비과세 요건 충족 시
	감면주택 처분 시		감면			감면주택⑥
1세대 2주택③	주택 처분 시		기본세율		50%	투기지역 상관없음.
1세대 2주택 * 1주택 취득	주택 처분 시		기본세율		60%	투기지역 (기본세율 + 10%)
1세대 2주택 * 1감면주택 취득	기존주택 처분 시		기본세율		60%	
	감면주택 처분 시		감면			
1세대 3주택 이상④	투기지역 처분 시		기본세율 + 10%		60%	
	비투기지역 처분 시		기본세율		60%	
비사업용 토지(농지, 임야, 나대지)⑤	투기지역 처분 시		기본세율 + 10%		60%	09. 3. 16~2010. 12. 31 사이 취득 토지는 일반세율 적용 (투기지역은 + 10%)
	비투기지역 처분 시		기본세율		60%	
미등기 전매			70%			

* 8년 이상 재촌자경농지 양도세 감면: 1년간 2억 원, 5년(자경과, 대토 합산) 3억 원

1) 1세대 1주택

① 기본요건

- 양도일 현재 1세대가 양도주택 1채만을 보유
- 주택으로 보는 입주권을 보유하고 있지 않아야 함.
- 양도주택이 미등기주택 또는 고가주택에 해당하지 않아야 함.
- 주택부수토지의 면적이 주택의 정착면적에 5배(도시지역 밖 10배) 이내

※ 주택 외의 용도로 구분된 근린생활시설 및 오피스텔의 경우에도 사실상 사용하는 용도 등이 주거이면 주택으로 봄.

※ 주택과 부수 토지의 소유자가 다른 경우 부수 토지는 주택의 부수 토지에 해당하지 않으므로 비과세되지 않음.

※ 겸용주택의 비과세 판정

주택과 주택 외의 면적	주택면적의 판정
주택면적 > 상가 등 주택 외의 면적	상가 등의 건물면적도 주택으로 봄.
주택면적 ≤ 상가 등 주택 외의 면적	주택면적만 주택으로 봄.

② 1세대 1주택의 비과세

보유 및 거주요건(3년 이상 보유 + 2년 이상 거주) 충족

- 보유기간: 취득일부터 양도일까지의 기간이 3년 이상이어야 함.
- 거주기간: 주민등록표상의 전입일자부터 전출일자까지 기간이 2년 이상이어야 함. 단, 다음의 해당 지역만 거주기간 요건의 적용을

받음(서울시, 과천시, 5대 신도시(분당·일산·평촌·산본·중동)).

※ 보유기간 및 거주기간의 특례

(1) 보유기간 및 거주기간에 제한 없이 비과세 적용

• 임대주택법에 의한 건설임대주택으로서 임차일로부터 양도일까지
의 기간이 5년 이상인 경우의 주택

• 공익사업법 등에 의한 협의매수·수용으로서 양도일 또는 수용일
로부터 2년 이내 양도하는 잔존주택 및 부수 토지

• 해외이주법에 의한 해외이주로 세대 전원이 출국하여 2년 이내에
양도하는 주택

• 1년 이상 국외거주를 필요로 하는 취학·근무상 형편으로 세대
전원이 출국하여 2년 이내 양도하는 주택

(2) 1년 이상 거주 및 보유 요건을 충족한 경우 비과세 적용

• 도시정비법에 의한 재개발·재건축사업 중 2003. 4. 14~2005.
12. 31 기간에 취득한 주택

• 취학·근무상의 형편·질병·요양 등 부득이한 사유

③ 1세대 1주택의 특례

• 대체취득을 위한 일시적 1세대 2주택의 비과세

국내에 1주택을 소유한 1세대가 그 주택을 양도하기 전에 다른 주택
을 취득(자가건설 취득 포함)함으로써 일시적으로 2주택이 된 경우 다
른 주택을 취득한 날부터 2년 이내에 종전의 주택을 양도하는 경우에는
이를 1세대 1주택으로 보아 비과세를 적용함.

- 상속으로 인한 1세대 2주택 비과세

상속받은 주택(피상속인이 상속개시 당시 2 이상의 주택을 소유한 경우 일반주택을 양도하는 경우에는 국내에 1개의 주택을 소유하고 있는 것으로 보아 비과세를 적용함.)

- 노부모 봉양을 위한 1세대 2주택 비과세

1주택을 보유하고 1세대를 구성하는 자가 1주택을 보유하고 있는 60세 이상의 직계존속(배우자의 직계존속을 포함)을 동거봉양하기 위하여 세대를 합침으로써 1세대가 2주택을 보유하게 되는 경우 합친 날부터 5년 이내에 먼저 양도하는 주택은 이를 1세대 1주택으로 보아 비과세를 적용함.

※ 2주택 중 먼저 양도하는 주택이 3년 보유 등 비과세 요건을 충족하여야 함.

- 혼인으로 인한 1세대 2주택 비과세

1주택을 보유하는 자가 1주택을 보유하는 자와 혼인함으로써 1세대가 2주택을 보유하게 되는 경우 그 혼인한 날부터 5년 이내에 먼저 양도하는 주택은 이를 1세대 1주택으로 보아 비과세를 적용함.

※ 2주택 중 먼저 양도하는 주택이 3년 보유 등 비과세 요건을 충족하여야 함.

- 농어촌주택에 대한 1세대 2주택 비과세

상속·이농 및 귀농목적으로 보유하고 있는 농어촌주택과 그 외의 주택을 각각 1개씩 소유하고 있는 1세대가 일반주택(귀농으로 인하여 세대 전원이 농어촌주택으로 이사하는 경우에는 귀농 후 최초로 양도하는 1개의 일반주택에 한함)을 양도하는 경우에는 국내에 1개의 주택을 소유하고 있는 것으로 보아 1세대 1주택 여부를 판단함.

- 기타 이유로 인한 1세대 2주택 비과세

수도권 밖 1주택을 근무상, 취학(유·초·중 제외), 질병, 요양 목적으로 취득 후 거주 시 당초 보유한 일반주택 양도 시 1세대 1주택 적용함(지방주택은 일반세율 적용 과세).

2) 고급주택

양도소득세에서의 고급주택은 9억 원 이상으로 양도소득 전체에 대해 과세하는 것이 아니라 양도가액에서 9억 원을 제하고 초과하는 부분에 대해서만 양도소득세를 부과합니다.

3) 1세대 2주택

- 다주택자에 대해 2010년 12월 31일까지 양도하면 한시적으로 중과세를 완화하여 일반세율을 적용함.
- 장기보유특별공제 없음.
- 수도권, 광역시 소재 주택으로 기준시가 1억 원 이하, 기타 지역의 기준시가 3억 원 이하의 1가구 2주택 수에서 제외되는 주택으로 중과세 주택에서 제외되며 기본세율을 적용함.
- 1세대 1주택자가 1주택을 추가 취득하여 일시적 2주택자가 되었을 경우 2년 이내에 비과세되는 종전주택을 양도하면 됨.
- 1세대 2주택자의 중과세 적용 주택을 2010년 12월 31일까지 양도하며 일반세율을 적용하며, 장기보유특별공제는 배제함.

- 공유주택의 경우 공유자 전원이 주택 수에 포함이 됨.
- 상속주택은 ① 지분이 가장 많은 자, ② 상속주택에 거주자, ③ 최연장자순으로 주택 수에 포함됨. ④ 2채를 상속받은 경우 보유기간이 가장 길거나, 거주기간이 길거나, 기준시가가 높은 것이 상속주택임.
- 혼인 및 부모동거봉양의 이유로 가구를 합쳐 2주택자가 되었을 경우 기존 2년에서 5년으로 연장되어 비과세 주택을 양도하면 됨.

4) 1세대 3주택

- 1세대 3주택자의 중과세 적용 주택을 2010년 12월 31일까지 양도 시 양도 세율 45%로 적용하며, 장기보유특별공제는 배제함.
- 2009년 1월 1일부터 2010년 12월 31일 사이에 취득한 주택은 보유기간에 관계없이 45%의 세율을 적용함(단, 1년 미만은 50%).
- 수도권, 광역시 소재주택으로 2003년 12월 31일 이전에 취득, 기준시가 4천만 원 이하(기타 지역은 3억 원 이하), 전용면적 60m^2 이하인 주택은 기본세율을 적용함.

5) 비사업용 토지

비사업용 토지는 다음에 해당되지 않는 토지를 말합니다.

- 8년 이상 재촌자경한 직계존속이 상속(증여)한 농지는 비사업용 토지에서 제외됩니다(단, 도시지역 편입 제외).
- 피상속인이 자경하던 농지를 상속인이 상속한 농지로서 상속인과

피상속인의 자경기간의 합산이 8년 이상일 경우 또는 상속인이 자경하지 않을 경우에는 상속일로부터 3년 내 양도 시만 합산하게 됩니다.

- 공익사업용 수용토지 비사업용 제외조건 완화로 사업인정고시일이 2006년 말 이전인 경우, 사업인정고시일로부터 5년 이상(상속은 피상속인 기준) 보유한 경우는 비사업용 토지에서 제외됩니다.
- 재촌자경 요건 충족 시 비사업용 토지에서 제외됩니다.

※ 재촌자경 요건

해당 농지 소재지역 또는 연접지역(해당 지역과 붙어 있는 지역(자치구))에 거주하거나, 해당 농지로부터 20㎞ 이내 지역에 주민등록을 마치고 실제 거주하는 자로서 농작업의 1/2 이상 자기의 노동력을 투입(상시 직장근무자는 불인정)하는 자로서 아래의 재촌 인정 조건을 충족하여야 합니다.

* 재촌하였더라도 도시지역(주거, 상업, 공업지역) 내의 임야는 중과세됩니다(도시지역 내 녹지지역, 개발제한구역 제외).

보유기간	재촌 인정 조건
5년 이상	양도일 직전 3년 중 2년 이상 or 5년 중 3년 이상 or 보유기간 중 80% 이상 재촌
3년 이상~5년 미만	양도일 직전 3년 이상 or 3년 중 2년 이상 or 보유기간 중 80% 이상 재촌

* 보유 및 재촌 기간은 일수로 계산함.

* 임야의 경우 재촌 인정 조건 충족 시 사업용 토지로 봄.

- 주말·체험영농을 목적으로 소유한 농지(세대당 1,000m² 이하)
- 2006년 12월 31일 이전에 상속받은 농지·임야·목장용지 2009년 12월 31일까지 양도하는 토지
- 상속으로 취득한 농지, 임야, 목장용지로서 그 상속개시일로부터 3년이 경과하지 아니한 토지(10,000m² 이내)
- 특별시·광역시 및 시 지역 중 「국토의 계획 및 이용에 관한 법률」의 규정에 의한 도시지역 안의 농지(녹지지역 및 개발제한구역 제외) 중 상속에 의하여 취득한 농지로서 그 상속개시일로부터 5년 이내에 양도하는 토지
- 2006년 12월 31일 이전에 8년 이상 농업경영을 하고 이농한 자가 이농 당시 소유하고 있는 농지, 임야, 목장용지로서 2009년 12월 31일까지 양도하는 토지는 비사업용토지에서 제외(10,000m² 이내)
- 8년 이상 재촌·자경 후 이농하는 경우 이농 당시 소유하고 있는 농지, 임야, 목장용지로서 그 이농일로부터 3년이 경과하지 아니한 토지
- 농지전용허가를 받거나 농지전용신고를 한 자가 소유한 농지 또는 농지전용협의를 완료한 농지로서 당해 전용목적으로 사용되는 토지
- 종중이 2005년 12월 31일 이전에 취득한 농지, 임야, 목장용지
- 비영리 사업자가 그 사업에 직접 사용하는 농지

- 법률에 따라 협의매수·수용 토지로 사업인정고시일이 2006. 12. 31 이전인 토지
- 오염피해 발생지역 안의 토지로 소유자 요구에 따라 취득한 공장 인접 토지

6) 감면주택

- 2008. 12. 31 이전 감면주택

기간	감면주택	감면 적용시기	비고
1998. 5. 22 ~ 1999. 6. 30	모든 신축주택	1999. 7. 1일 이후	국민주택의 경우 1999. 12. 31일까지
2000. 11. 1 ~ 2001. 12. 31	비수도권 지역 소재 신축 국민주택	2001. 1. 1일 이후	
2001. 5. 23 ~ 2003. 6. 30	모든 신축주택	2001. 8. 14일 이후	서울특별시, 과천시, 5대 신도시 지역 내 신축주택의 경우는 2003. 1. 1 이후 취득분부터 감면 배제

- 2009. 1. 1 이후 감면주택

기간	2009. 2. 12 ~ 2010. 2. 11	
감면주택	2009. 2. 12일 현재 미분양주택 2009. 2. 12 ~ 2009. 12. 31일 신규분양주택	
적용지역	100% 감면	60% 감면
	과밀억제권역을 제외한 모든 지역 지방 수도권 중 성장관리권역 경기 12개 시 3개 군 (동두천, 안산, 평택, 파주, 남양주 일부, 용인 일부, 연천, 포천, 양주, 김포, 화성, 안성 일부, 인천 일부, 시흥 일부) 수도권 중 자연보전권역 경기 5개 시 3개 군 (이천, 남양주 일부, 용인 일부, 가평, 양평, 여주, 광주, 안성 일부)	과밀억제권역 중 서울 제외 지구 인천광역시(강화군, 옹진군 제외) 경기도 14개 시 (의정부, 구리, 남양주 일부, 하남, 고양, 수원, 성남, 안양, 부천, 광명, 과천, 의왕, 군포, 시흥 일부)
취득 후 5년 이내 양도 시	전액 감면	60% 감면
취득 후 5년 이후 양도 시	5년간 발생한 양도세 전액 감면 5년 이후 발생한 양도세 일반세율, 장기보유특별공제 적용	5년간 발생한 양도세 60% 감면 5년 이후 발생한 양도세 일반세율, 장기보유특별공제 적용
주택 수 제외	취득 주택을 주택 수에서 제외(일반 주택 비과세 요건 시 비과세)	

Chapter 8

부동산 계약 실전

부동산 계약 실전

　부동산 거래 시 이해관계인의 합의사항을 문서로 작성한 것이 부동산 계약서입니다. 부동산 계약서는 그 거래의 종류에 따라 내용이 일부 달라지며, 부동산 계약 체결 후에는 법적인 효력이 발생하므로 신중을 기해야 합니다. 일반적으로 부동산 중개업소에서 이루어지는 부동산 계약은 중개업자 또는 공인중개사의 작성, 확인, 설명으로 부동산 계약서 작성을 종결하게 됩니다. 이는 일반인들은 부동산 거래활동이 빈번하지 않기 때문에 계약서 작성에 미흡하고 또한 법률적 용어의 이해 부족으로 해당 중개업자에게 의지할 수밖에 없는 것이 현실입니다.

　이 장에서는 계약서 작성 시 확인해야 할 사항을 살펴보고, 혹시 발생할 수 있는 부동산 거래사고를 방지하는 데 초점을 두어 설명할 것입니다.

부동산매매계약서

매도인과 매수인 쌍방은 이래 표시 부동산에 관하여 다음 계약 내용과 같이 매매계약을 체결한다.
1. 부동산의 표시①

소재지				
토지	지목		면적	m²
건물	구조, 용도		면적	m²

2. 계약내용
제1조 (목적) 위 부동산의 매매에 대하여 매도인과 매수인은 합의에 의하여 매매대금을 이래와 같이 지불하기로 한다.

매매대금	금 ②	원정(₩)		
계약금	금 ③	원정(₩)은 계약 시에 지불하고 영수함. 영수자(印)		
융자금	금	원정(은행을 승계키로 한다. ④	임대보증금	총 원정을 승계키로 한다.
중도금⑤	금	원정은 년 월 일에 지불하며		
	금	원정은 년 월 일에 지불한다.		
잔금	금	원정은 년 월 일에 지불한다.⑥		

제2조 (소유권 이전 등) 매도인은 매매대금의 잔금 수령과 동시에 매수인에게 소유권이전등기에 필요한 모든 서류를 교부하고 등기절차에 협력하며, 위 부동산의 인도일은 ____ 년 ____ 월 ____ 일로 한다.

제3조 (제한물권 등의 소멸) 매도인은 위의 부동산에 설정된 저당권, 지상권, 임차권 등 소유권의 행사를 제한하는 사유가 있거나, 조세공과 기타 부담금의 미납금 등이 있을 때에는 잔금 수수일까지 그 권리의 하자 및 부담 등을 제거하여 완전한 소유권을 매수인에게 이전한다. 다만, 승계하기로 합의하는 권리 및 금액은 그러하지 아니하다.

제4조 (지방세 등) 위 부동산에 관하여 발생한 수익의 귀속과 제세공과금 등의 부담은 위 부동산의 인도일을 기준으로 하되, 지방세의 납부의무 및 납부책임은 지방세법의 규정에 의한다.

제5조 (계약의 해제) 매수인이 매도인에게 중도금(중도금이 없을 때에는 잔금을 지불하기 전까지) 매도인은 계약금의 배액을 상환하고, 매수인은 계약금을 포기하고 본 계약을 해제할 수 있다.

제6조 (채무불이행과 손해배상) 매도자 또는 매수자가 본 계약상의 내용에 대하여 불이행이 있을 경우 그 상대방은 불이행한 자에 대하여 서면으로 최고하고 계약을 해제할 수 있다. 그리고 계약 당사자는 계약해제에 따른 손해배상을 각각 상대방에게 청구할 수 있으며, 손해배상에 대하여 별도의 약정이 없는 한 계약금을 손해배상의 기준으로 본다.

제7조 (중개수수료) 부동산중개업자는 매도인 또는 매수인의 본 계약 불이행에 대하여 책임을 지지 않는다. 또한, 중개수수료는 본 계약체결과 동시에 계약 당사자 쌍방이 각각 지불하며, 중개업자의 고의나 과실 없이 본 계약이 무효, 취소 또는 해제되어도 중개수수료는 지급한다. 공동 중개인 경우에 매도인과 매수인은 자신이 중개 의뢰한 중개업자에게 각각 중개수수료를 지급한다(중개수수료는 거래가액의 ⑦ %로 한다).

제8조 (중개대상물 확인, 설명서 교부 등) 중개업자는 중개대상물 확인, 설명서를 작성하고 업무보증관계증서(공제증서 등) 사본을 첨부하여 ___ 년 ___ 월 ___ 일 거래당사자 쌍방에게 교부한다.

특약사항⑧

본 계약을 증명하기 위하여 계약 당사자가 이의 없음을 확인하고 각각 서명, 날인 후 매도인, 매수인 및 중개업자는 매장마다 간인하여야 하며, 각 1통씩 보관한다.

___ 년 ___ 월 ___ 일

매도인	⑨주소				
	주민등록번호		전화	성명 ⑩	印
	대리인	주소	주민등록번호	성명	
매수인	주소				
	주민등록번호		전화	성명	印
	대리인	주소	주민등록번호	성명	
중개업자 ⑪	사무소소재지				
	사무소 명칭		서명, 날인		印
	대표		서명, 날인		印
	등록번호	전화		전화	
	소속공인중개사		서명, 날인		印

1. 부동산 계약 시 확인사항

1) 부동산의 표시

　부동산의 표시는 계약 부동산의 소재지, 아파트명, 동, 호수 등을 비롯하여 지목, 면적, 전용면적, 분양면적 등을 표시하게 됩니다. 대부분의 부동산 중개업소에서 작성하는 부동산 매매계약서는 편리상 해당 부동산의 등기부등본상의 표제부를 참고하여 작성하게 됩니다. 그러나 원칙적으로는 토지대장과 건축물대장을 참고로 작성하여야 합니다. 등기부등본과 공부상의 내용이 다를 경우 공부상의 내용이 우선하기 때문입니다.

① 아파트 매매의 경우

　아파트 매매계약서의 경우 일반 부동산 매매계약서와 크게 다른 부분이 없습니다. 다만 부동산 표시상의 소재지란에 해당 주소와 아파트명, 동, 호수를 기재하고 토지란에는 해당 아파트의 대지권 비율을 기재하시면 됩니다. 아파트, 연립 등과 같은 집합건물은 건물과 토지가 함께 이전되기 때문에 크게 걱정하지 않아도 됩니다.

② 다가구/다세대 주택의 경우

　다가구 주택은 소유자가 1인으로 한 건물에 여러 세대가 거주하는 형태인 반면 다세대 주택은 건물의 각 호수마다 구분등기가 되어 있어 집합건물로 소유자가 여러 명입니다. 다가구/다세대 주택의 부동산 임대계약 시 주의할 점은 호수의 기재 사항입니다.

Tip 다가구의 경우 외형상 호수를 가지고 있으나 이는 필요상 구분할 뿐이고 계약 시 호수는 의미가 없습니다. 반면 다세대 주택의 경우 통상 지하층의 경우에는 101호, 102호로 표시되어 있지만, 건축물대장에는 B01호, B02호로 되어 있다면 건축물대장에 표시된 대로 계약서를 작성해야 추후 전입신고, 확정일자 등 주택임대차보호법에 의해 보호받을 수 있습니다.

2) 매매대금

매매대금은 양도인과 양수인이 합의한 금액을 기재하시면 됩니다. 간혹 양도인의 양도소득세와 양수인의 취·등록세를 적게 내기 위해 다운계약서(매매금액을 실제보다 적게 기재)를 작성하거나, 양수인이 취득가액을 높여 추후 매도 시 양도소득세를 적게 내기 위해 업계약서(매매금액을 실제보다 많게 기재)를 작성하는 사례가 있습니다만 이는 탈법행위이므로 주의하셔야 합니다.

다운계약서, 업계약서 작성이 적발되면 탈세금액의 3배를 추징당하게 되며, 해당 물건의 중개업소는 허위계약서 작성 시 500만 원 이하의 과태료를 물거나 등록취소 또는 업무정지를 당하게 됩니다.

또한 이제는 부동산 거래 시 실거래가격이 등기부등본에 기재되기 때문에 투명하게 거래를 하시는 것이 무엇보다 좋을 것입니다.

3) 계약금

부동산 거래관행상 계약금은 통상 매매금액의 10%를 주게 되어 있습니다. 반드시 거래금액의 10%일 필요는 없으며, 거래 당사자가 정하면 됩니다.

또한 계약해제 시 특별한 약정이 없는 한 양도인이 계약해제를 할 경우 배액을 상환하고, 양수인이 계약해제를 할 경우 지급했던 계약금을 반환받지 못합니다. 이는 계약금이 해약금, 위약금의 성질 이외에 손해배상의 예정액으로서의 성격을 갖기 때문입니다.

또한 계약금 지급 후 중도금이나 잔금을 지급하지 못하였거나 일부만 지급하였을 경우 즉시 계약이 해제되는 것이 아니라 상당기간 최고(촉구)를 하고 계약을 해제할 수 있습니다.

※ 계약해지와 해제
- 계약해지는 지금까지의 계약은 유효하며 앞으로 계약이 성립이 안 되는 것입니다(ex 임대차계약의 종료).
- 계약해제는 처음부터 없었던 계약으로 하는 것입니다(ex 부동산 계약 후 일방의 귀책사유로 계약 종료).

흔히 부동산 중개업소에 가면 집이 나갈 수 있으니 '가계약금'이라도 걸어 놓고 가라고 합니다. 그러나 여기서 가계약금은 원칙상 계약금의 성격이므로 추후 계약 성사가 안 되었을 경우 해약금의 성격으로서 되돌려 받을 수 없습니다. 단, '반환한다'라는 명시가 되어 있을 경우 반환받을 수 있습니다.

'약정금' 또한 계약을 하겠다는 약속으로 금액을 지급하였기 때문에 계약 성립이 안 되었을 경우 되돌려 받을 수 없습니다.

4) 융자금

융자금은 반드시 금융권에서 대출한 금액만을 의미하는 것은 아니며, 개인 간의 근저당 설정액도 포함됩니다. 근저당은 채권최고액이므로 실제 채무액은 등기부등본에 설정된 금액보다 적습니다. 또한 채무액의 일부를 변제하더라도 등기부등본상에 변경등기를 하지 않는 한 채권최고액은 변함이 없습니다. 따라서 해당 은행이나 근저당 설정권자에게 실제 잔여금액이 얼마인지 확인해 보셔야 합니다.

* 근저당 설정액은 통상 실제 채권액보다 20% 정도 높게 설정합니다.

5) 중도금

중도금은 부동산 계약 시 필수사항이 아닌 거래 당사자의 자금 사정을 고려하여 합의하에 정하는 것입니다. 관행상 매매금액의 50～60% 정도 중도금으로 지급하며, 또한 중도금은 계약이행의 착수 의미로 매수인이라 할지라도 중도금 지급 후 거래 당사자의 합의 없이 계약해제를 할 수 없습니다.

6) 잔금

잔금의 지급을 통해 매수인의 의무는 종결하게 되고 매도인은 소유권 이전의 의무가 남게 됩니다. 일반적으로 잔금의 지급과 소유권이전서류의 지급은 동시이행의 관계로 동시에 이루어져야 합니다.

여기서 중요한 것은 잔금 지급일입니다. 잔금 지급일은 부동산 과세 기준이 누구에게 있느냐를 결정하는 중요한 날입니다. 부동산 취득세의 경우 계약서상 잔금 지급일이 취득일이 되며, 사실상의 잔금 지급일을 확인할 수 없을 때에는 등기·등록일을 취득 시점으로 하기 때문입니다 (잔금일이 명시되지 않았을 경우 계약일로부터 30일이 경과되는 날).

또한 재산세, 종합토지세의 경우 과세 기준일이 6월 1일이므로 잔금 지급일에 따라 납세의무자가 틀려지므로 부동산 매매계약 시 고려해야 할 사항입니다.

※ 잔금지급 시 확인 사항
- 금융권 대출금액 확인(해당 금융권에 전화하시면 됩니다.)
- 잔금 수취인의 확인(매도자 예금자명의 은행 입금이 확실함)
- 매매목적물의 상태(외부, 내부시설이 계약 당시와 같은지 여부)
- 국세, 지방세 완납증명서(국세는 국세청 홈택스 홈페이지 (http://www.hometex.go.kr/)에서 발급받을 수 있습니다. 지방세 완납증명서는 개인은 통합전자민원창구 홈페이지(http://www.egov.-go.kr/)에서 발급받을 수 있으며, 법인은 동사무소에서 발급받으실 수 있습니다.)

- 아파트 관리비 및 제세공과금 납부 확인(관리비 정산내역서는 관리사무소에서 발급받으시면 되고 전기세(국번 없이 123), 상수도 요금(국번 없이 121), 도시가스(해당 지역 도시가스 고객센터)는 해당 번호로 문의하시면 됩니다.)

7) 중개수수료

종별	거래가액	요율(%)	한도액(원)	비고
매매·교환	5천만 원 미만	0.6	250,000	–
	5천만 원 이상~2억 원 미만	0.5	800,000	–
	2억 원 이상~6억 원 미만	0.4	–	
	6억 원 이상	0.9		당사자 합의
매매·교환 이외의 임대차	5천만 원 미만	0.5	200,000	–
	5천만 원 이상~1억 원 미만	0.4	300,000	–
	1억 원 이상~3억 원 미만	0.3	–	
	3억 원 이상	0.8		당사자 합의
매매·교환·임대차	일반주택을 제외한 비주거용 건물/토지 등	법정중개수수료 0.9% 내에서 중개업소 요율표에 명시한 요율		

출처: 서울시 중개수수료 요율표

중개수수료는 각 시·도의 조례로 변경될 수 있으므로 해당 중개업소의 시·도의 홈페이지에서 확인하실 수 있습니다.

임대차인 경우에는 임대차 금액을 기준으로 하며, 임대차 중 월세의 경우에는 월세보증액+(한 달 월세액×100)으로 산출된 금액을 거래금액으로 합니다. 단, 월세에 100을 곱한 금액과 보증금의 합계액이 5천만 원 미만일 경우 위 합계액 대신 월차임에 70을 곱한 금액과 보증금액의 합계액을 거래금액으로 합니다.

예 1) 보증금 1,000만 원에 월 30만 원 오피스텔의 경우의 중개수수료는?

거래금액 = 1,000만 원 + (30만 원×70) = 3,100만 원

중개수수료 = 3,100만 원×0.5% = 155,000원

예 2) 보증금 1,000만 원 월 40만 원의 다가구 주택의 경우의 중개수수료는?

거래금액 = 1,000만 원 + (40만 원×100) = 5,000만 원

중개수수료 = 5,000만 원×0.5% = 250,000원(한도 20만 원 적용)

중개수수료 지급 시기는 따로 법률로 정해진 것이 아니며, 중개업소와 협의하여 정할 수 있습니다. 또는 시·도 조례로 계약 시(거래 성립 시) 50%, 잔금 지급 시 50%로 정해진 곳이 많습니다. 일반적으로 잔금 지급 시 100% 지급하는 것이 관행입니다. 또한 중개업자의 고의 과실로 인해 계약이 파기된 때를 제외하고는 전액을 납부하셔야 합니다.

중개수수료는 양도소득세 및 임대소득세 계산 시 필요경비로 인정받기 때문에 반드시 영수증을 받는 것이 좋습니다. 또한 중개업소가 법정 중개수수료 이상의 금액을 받을 경우에는 등록취소나 업무정지를 받을 수가 있고, 1년 이하의 징역 또는 1,000만 원 이하의 벌금이 있습니다.

그러나 상가 권리금은 법정중개대상물이 아니어서 중개수수료규정을 적용하지 않습니다. 따라서 당사자 간 협의에 의해 정하시면 됩니다.

또한 부동산컨설팅에 대한 수수료도 중개수수료규정을 적용받지 않습니다. 간혹 중개업소에서 중개수수료 이외의 보수를 받기 위해 컨설팅

수수료라는 명목으로 추가 금액을 요구하는 경우가 있는데, 이 경우에도 법정 한도를 초과할 수 없습니다.

근래에 들어 대형 부동산컨설팅회사가 우후죽순 설립되고 있고 사실상 중개업을 영위하고 있습니다. 그러나 부동산중개업등록을 하지 않고 계속적, 반복적으로 중개행위를 한다면 이는 무등록 중개업소로서 처벌을 받을 수 있으며, 컨설팅 수수료도 받을 수 없습니다.

8) 특약사항

특약사항은 부동산 계약 체결 시 상당히 신경을 써야 하는 부분입니다. 표준 매매 계약서에 명시되어 있는 것은 일반적인 사항들이므로 당사자 간의 이해관계를 명확히 하기 위해서는 특약으로 정할 수 있습니다. 또한 당사자 간의 특약사항이 위법한 경우가 아닌 경우 우선하여 적용됩니다. 다음은 특약사항에 들어가는 내용들입니다.

※ 매매 계약 시 특약사항의 예
- 등기부등본상의 법률적 하자(근저당, 압류 등)를 잔금지급 전에 말소한다.
- 중도금 또는 잔금이 (   )일 이상 연체 시 계약은 자동 해제되며, 연체이자는 월 10%로 한다.
- 매수인이 요구할 시 잔금 지급 전 명의 변성을 할 수 있다.
- 매도인은 잔금 지급과 동시에 건물을 명도한다(명도하지 않을 시 매수인의 결정에 따르며, 손해배상 책임을 진다).

- 잔금 지급일 이전에 발생한 제세공과금 및 비용발생은 매도인이 책임진다.
- 잔금 지급일 당일 물건의 현저한 하자가 있을 시(화재, 천재지변 포함) 매수인은 계약을 해제할 수 있으며, 해제 시 매도인은 매수 인에게 수령받은 금액을 반환한다.
- 잔금 지급 전까지 토지거래허가를 득하지 못할 경우 본 계약은 무효로 한다.
- 해당 토지의 지적 측량 후 면적이 감소될 경우 감소된 면적에 해 당하는 금액을 반환한다.
- 해당 토지의 모든 지상물 및 지하물을 포함한다.
- 매도인은 매수자의 농지자격취득증명을 발급받기 위해 최선을 다 하며, 농지자격취득증명을 받지 못할 경우 본 계약은 무효로 한다.
- 기타

※ 임대차 계약 시 특약사항 예
- 2회 이상 임차료 연체 시 임대인은 계약을 해지할 수 있으며, 해 지 시 임차인은 즉시 명도를 하여야 한다.
- 연체이자는 월 10%로 한다.
- 임대차 계약 종료 시 임차인은 원상회복 의무가 있다.
- 임차료는 후불이며, 기타 공과금은 임차인이 부담한다.
- 임대인은 잔금 지급 전 보일러 및 싱크대를 교체한다.
- 임대인은 임차인의 전세권 설정에 동의한다.
- 잔금 지급일 전 발생한 해당 물건에 발생한 공과금은 임대인이

책임진다.

- 임대차 계약의 해지를 요구할 시 계약 만료 전 2개월 이전에 서로에게 통지한다.
- 계약종료 시 임대인은 임차인에게 즉시 보증금을 반환한다(연체이자는 월 10%로 한다).
- 계약기간 만료 2개월 이전에 계약해지 시 중개수수료는 임대인이 부담한다.
- 임대인은 잔금 지급일 전 임차인이 요구한 법률적 하자(근저당, 압류)를 해소하여야 하며, 해소하지 않을 시 임차인은 계약을 해지할 수 있으며, 임대인은 계약금의 배액을 상환한다.
- 기타

※ 상가 임대차 계약 시 특약사항(임대차 특약사항 참조)
- 3기 이상의 차임의 연체 시 임대인은 계약을 해지할 수 있으며, 연체이자는 월 10%로 한다.
- 계약 해지 시 임차인은 즉시 명도하여야 하며, 원상회복을 한다. 원상회복을 하지 않을 시 임대인은 대리 집행할 수 있으며, 보증금에서 원상회복비용을 차감하여 지급한다.
- 임대인은 임차인의 권리금에 책임을 지지 않는다.
- 임차인은 계약 당시 이용목적 이외의 용도로 사용하지 않는다. 이를 어길 시 임대인은 계약을 해지할 수 있다.
- 기타

※ 권리양도 계약서 특약사항 예

권리 계약서는 상가점포 임대차 시 전 임차인과 새로운 임차인과의 계약을 말합니다.

- 현 시설 상태에서 계약을 체결함(물품 목록 참조).
- 권리 양도인은 양수인의 임대차 계약 체결이 이루어지도록 최대한 협조하여야 하며, 임대차 계약이 체결되지 않을 시 본 계약은 무효로 하며 이미 지급받은 금액은 반환한다.
- 권리 양도인의 영업정지 및 영업허가 취소 사유로 인하여 권리 양수인의 목적을 달성할 수 없을 경우 본 계약은 무료로 하며 이미 지급받은 금액을 반환하며, 별도로 손해배상책임을 진다(단, 양수인의 이용목적을 명시한다).
- 기타

9) 매도인

부동산 거래 시 매도인의 확인이 절대적으로 중요합니다. 부동산 거래사고유형 중 소유권이 없는 무권리자와의 계약으로 인한 사고가 빈번합니다. 실제 소유자를 확인하는 방법은 다음과 같습니다.

※ 매도인 확인 사항
- 잔금 지급일 당일자 등기부등본 확인
- 등기권리증의 확인
- 주민등록증과 인감도장 확인(위조 여부 판별이 쉽지 않으므로 주

의하여야 합니다.)

• 취·등록세 납부 영수증 및 국세, 지방세 납세완납증명서의 납세
  자 확인

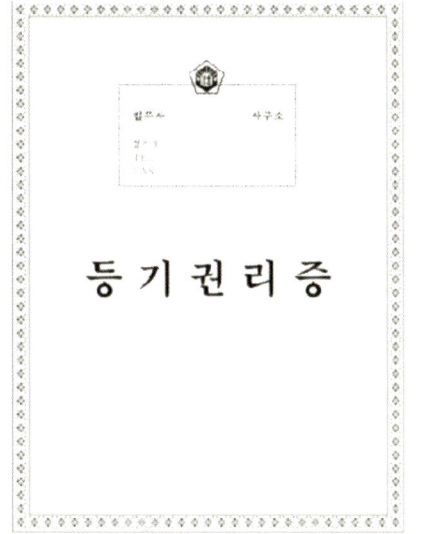

Tip 실제 소유자가 국외에 거주하거나 사정으로 인하여 계약 시 참
여하지 못할 경우 대리인이 참여하게 됩니다. 현행 부동산 중개
업소는 당사자 중 어느 일방을 대리하여 계약을 체결할 수 있으
나, 쌍방을 대리하여 계약을 체결하는 것은 위법사항입니다.

※ 대리인의 확인 사항

• 위임장(부동산 매매계약에 관한 대리권 수여 표시)

- 위임인(소유자) 인감도장 및 인감증명서
- 대리인 주민등록증 및 주소 확인

Tip 대리인과의 계약체결 시라도 소유자 명의의 계좌에 입금하는 것이 바람직하며, 부득이한 경우 중개업소의 확인 영수증을 받아놓는 것이 좋습니다.

10) 성명의 날인

컴퓨터 이용이 일상화되면서 부동산 매매계약도 컴퓨터로 작성하는 중개업소가 대부분입니다. 부동산 계약서 작성은 양 당사자의 자필로 이루어지는 것이 좋으나, 컴퓨터를 이용하는 경우에도 매도자, 매수자란의 작성은 당사자 자필로 하여야 합니다. 특히 성명란은 반드시 자필로 하여야 합니다.

11) 중개업소

중개업소는 크게 세 가지 형태로 중개인 사무소, 공인중개사 사무소, 중개법인으로 구분됩니다. 중개인 사무소는 공인중개사 자격제도가 도입되기 전에 개설한 중개인입니다.

부동산 중개업소는 반드시 중개사무소 개설등록증(허가증), 공인중개사 자격증(중개인 제외), 공제증서, 수수료 요율표를 개시하여야 합니다.

부동산 중개업소 이용 시 주의해야 할 사항으로는 무허가 중개업소를 조심하셔야 합니다. 특히 공인중개사가 아닌 자가 자격증을 대여하여 영업행위를 하는 곳을 조심하셔야 합니다. 아무래도 전문 지식이 없다 보면 실적 위주로 영업을 하기 때문에 고객에게 손실을 초래할 가능성이 많기 때문입니다.

　※ 부동산 계약체결 시 중개업소로부터 받아야 할 문서는 다음과 같습니다.
- 부동산 매매계약서(매도자용, 매수자용)
- 중개대상물 확인 설명서
- 공제증서 가입 증명서 사본
- 중개 수수료 영수증
- 중개업등록증 및 사업자등록증
- 등기부등본
- 기타 사항

이 중 공제증서 가입 증명서는 해당 중개업소가 한국공인중개사협회에 일정액을 지급하고 부동산 거래 사고 발생 시 사고 당사자에게 우선적으로 지급할 수 있는 금액이 명시되어 있습니다. 공제증서의 금액이 5천만 원, 1억 원으로 높은 금액에 공제 가입된 중개업소를 이용하는 것이 바람직합니다.

근래에는 부동산 중개업소의 치열한 경쟁으로 한 업소에서 매도인과 매수인을 연결시키기보다는 몇몇의 중개업소가 연결되어 거래가 성사되는 경우가 많습니다. 이 경우에도 법정 중개수수료만 지급하면 되며, 부동산 계약서를 작성한 중개업소에 지급하면 됩니다.

12) 기타 부동산 계약서 작성

① 간인

간인은 매도자용, 매수자용, 중개업소용으로 구분된 계약서가 동일하다는 것을 입증하기 위해 각각의 문서를 겹쳐 각각의 인감도장을 찍는 것을 말합니다. 간인 방법은 정해져 있는 것이 아니라 각 문서가 동일하다는 것을 나타내면 됩니다.

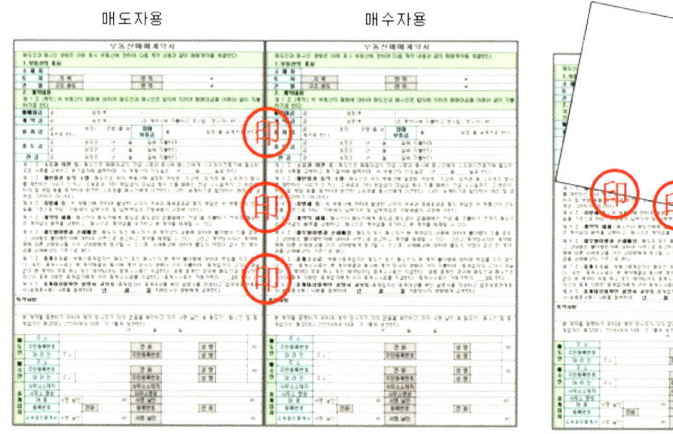
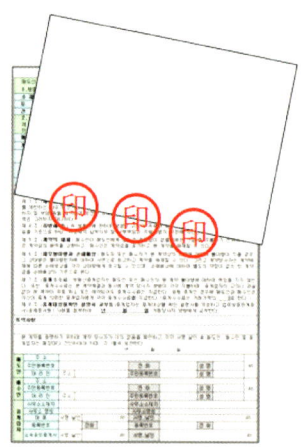

② 내용 수정

계약서상의 내용을 수정하거나 변경하고자 할 경우에는 해당 내용을 주말(빨간색으로 선을 그음)하고 정정하여 기재한 후 당사자 도장 날인을 하면 됩니다.

2009년 1월 1일 ⟶ ~~2009년 1월 1일~~
2월 4일

③ 금액의 기입

금액은 한자, 한글로 기입을 한 후 아라비아 숫자로 기재를 하게 됩니다. 이때 공백이 발생하지 않도록 하여야 합니다.

금#삼백오십육만 원(₩3,560,000#)

이로써 부동산 매매(임대) 계약서 작성을 하였습니다. 일반 사인(사람) 간의 거래에 있어 위법한 내용이 아닐 경우 양 당사자 간의 합의가 가장 중요하므로 마지막으로 꼼꼼히 살펴보시고 불리한 조건이나, 불합리한 조건이 있을 경우 수정과 정정을 통해 매도자와 매수자의 형평성을 이루어야 공정한 계약이라고 할 수 있습니다.

2. 주택임대차 보호법

주택임대차 보호법은 일정 금액 이하의 임차인을 보호하기 위해 1981년에 제정되어 수차례 개정되었습니다.

이 책에서는 주택임대차보호법상에 반드시 알고 있어야 할 내용을 중심으로 설명을 드리겠습니다.

1) 주택임대차보호법 적용

<주택임대차보호법 적용 범위>

기간	지역	보증금 범위	최우선변제액
1984. 1. 1 ~ 1987. 11. 30	특별시, 광역시	300만 원 이하	300만 원
	기타 지역	200만 원 이하	200만 원
1987. 12. 1 ~ 1990. 2. 18	특별시, 광역시	500만 원 이하	500만 원
	기타 지역	400만 원 이하	400만 원
1990. 2. 19 ~ 1995. 10. 18	특별시, 광역시	2,000만 원 이하	700만 원
	기타 지역	1,500만 원 이하	500만 원
1995. 10. 19 ~ 2001. 9. 14	특별시, 광역시	3,000만 원 이하	1,200만 원
	기타 지역	2,000만 원 이하	800만 원
2001. 9. 15 이후	수도권 중 과밀억제권역	4,000만 원 이하	1,600만 원
	광역시	3,500만 원 이하	1,400만 원
	기타 지역	3,000만 원 이하	1,200만 원

※ 과밀억제권역

서울특별시, 인천광역시(강화군, 옹진군, 서구 대곡동·불로동·마전동·금곡동·오류동·왕길동·당하동·원당동, 인천경제자유구역 및 남동 국가산업단지는 제외함), 의정부시, 구리시, 남양주시(호평동, 평내동, 금곡동, 일패동, 이패동, 삼패동, 가운동, 수석동, 지금동 및 도농동만 해당함), 하남시, 고양시, 수원시, 성남시, 안양시, 부천시, 광명시, 과천시, 의왕시, 군포시, 시흥시(반월특수지역은 제외함)

주택임대차보호법의 취지는 주거용 건물의 보증금액이 일정금액 이하인 사람들의 생활안정을 보장하기 위해 만들어졌습니다. 따라서 해당 법적용의 금액을 벗어난 경우에는 보호를 받지 못합니다. 여기서 주거용 건물이란 실제 사용용도가 주거용이며, 주거부분의 면적이 전체 면적의 1/2을 초과하면 주거용으로 적용받습니다.

2) 대항력과 확정일자

우리가 흔히 말하는 대항력이란 말 뜻 그대로 대항할 수 있는 권리를 말합니다. 즉, 전세나 월세의 경우 임대인 및 외부상황(매매 및 상속에 의한 소유권 변경 등)에 대해 임차인 보증금의 반환을 보장받는 것을 의미합니다.

그러나 대항력을 갖기 위해서는 일정요건을 갖추어야 합니다. 그것이 전입신고입니다. 부동산 임대차계약을 체결하고 이사를 마친 후 해당 동사무소나 면사무소에 전입신고(주민등록)를 한 다음 날부터 대항력을 갖추게 됩니다(미등기 건물 여부를 구분하지 않음).

주택임대차보호법의 일정금액(보증금 범위) 내의 임차인이 경매신청 기입등기 이전에 대항력을 갖춘 경우 임차주택이 경매되더라도 주택가액의 1/2 범위 내에서 보증금의 일부를 우선하여 변제받을 수 있습니다. 이것이 소액임차인 최우선 변제권입니다.

확정일자는 단순히 전입신고와 이사를 하였다고 하여 보증금 전액에 대해 보호를 받을 수 있는 것이 아니기 때문에 확정일자를 받음으로써 후순위 채권자 및 경매 시 낙찰자에게 보증금 전액에 대해 보호받을 수 있습니다.

※ 전입신고＋이사

주택임대차보호법의 적용금액 내에 있는 소액임차인에 대해서 경매 시 최우선변제금액을 우선하여 변제받을 수 있음. 확정일자가 없는 경우 최우선변제금액 이외의 금액에 대해 변제받기가 힘듦.

※ 전입신고＋이사＋확정일자

전입신고와 이사, 확정일자를 받아 놓으시면 경매 낙찰자에 대항하여 임차보증금을 반환받을 수 있으며, 경매 시 후순위 채권자 및 일반채권자보다 우선하여 보증금에 대해 배당금을 지급받을 수 있습니다(단, 건물가액의 1/2 이내, 선순위 배당금 제외).

(확정일자는 법원, 공증인, 동사무소에서 확인받을 수 있음)

※ 전세권과 확정일자의 차이

보증금 반환에 관한 권리내용은 동일하나 전세권은 기간만료 후 반환이 안 될 시 경매신청을 할 수 있으며, 확정일자는 경매신청을 할 수 없음.

3) 임대차기간과 계약의 갱신

주택 임차기간의 정함이 없거나 기간을 2년 미만으로 정한 임대차는 그 기간을 2년으로 보며 단, 임차인이 2년 미만이라고 주장할 수 있습니다.

임대인은 계약의 갱신 여부 및 조건의 변경 등에 대한 통지는 계약기간 만료일 6개월~1개월 전까지 통보해야 하고 임차인은 계약기간 만료일 1개월 전까지 통보해야 합니다. 또한 계약의 갱신 없이 지난 경우에는 당초의 계약이 그대로 갱신된 것으로 보며, 단 이 경우 임차인은 임대인에게 3개월의 기간을 주고 해지 통고를 할 수 있습니다.

※ 주택임대차등기명령제도(임차권등기명령)

임대차등기명령제도는 임대차계약기간이 만료되었음에도 불구하고 임대인이 보증금을 반환하지 않는 경우에 부득이하게 이사를 하거나 주민등록을 이전해야 하는 경우 법원의 절차를 거쳐 임차인 지위를 유지하는 제도입니다.

임차권등기명령은 해당 임차주택 소재지 관할 법원에 신청하며 임대차 계약서, 주민등록등본, 건물 도면 등을 첨부하시면 됩니다.

* 임차주택의 보증금과 건물의 명도는 동시이행의 관계이기 때문에 임차인은 건물의 명도의무가 있습니다. 따라서 건물의 인도 없이 보증금을 반환받을 수 없습니다.

4) 임대료 인상 한도

임대료 인상은 약정보증금 또는 임대료의 1/20의 금액(5%)을 초과하지 못하며, 인상이 있은 후 1년 이내는 다시 인상할 수 없습니다.

3. 상가임대차 보호법

주택임대차보호법과 같은 취지로 일정범위 내에 있는 소규모 영세 상인을 보호하기 위해 2002. 11. 1부터 시행되고 있으며, 주요 내용은 다음과 같습니다.

<상가임대차 보호법 적용 범위>

기간	지역	보증금 범위	우선변제 범위	최우선변제 범위
2002. 11. 01 ~ 2008. 8. 20	서울시	2억 4천만 원 이하	4,500만 원 이하	1,350만 원
	인천, 과밀억제권역	1억 9천만 원 이하	3,900만 원 이하	1,170만 원
	인천 제외 광역시	1억 5천만 원 이하	3,000만 원 이하	900만 원
	기타 지역	1억 4천만 원 이하	2,500만 원 이하	750만 원
2008. 8. 21 이후	서울시	2억 6천만 원 이하	4,500만 원 이하	1,350만 원
	인천, 과밀억제권역	2억 1천만 원 이하	3,900만 원 이하	1,170만 원
	인천 제외 광역시	1억 6천만 원 이하	3,000만 원 이하	900만 원
	기타 지역	1억 5천만 원 이하	2,500만 원 이하	750만 원

환산보증금: 월세를 연 12%의 금리를 적용하여 월세×100을 한 금액으로 보증금 환산

상가임대차보호법의 적용대상은 보증금과 월세를 보증금으로 환산한 환산보증금의 합계금액이 일정금액(서울시 2억 4천만 원 등) 범위 내에 있어야 보호를 받을 수 있습니다.

1) 대항력과 확정일자

대항력이란 임차건물의 소유권이 이전되었을 경우에도 임차권을 존속기간 동안 주장할 수 있는 권리입니다. 여기서 존속기간이란 임대차계

약기간 만료 후에도 5년간 계약갱신을 요구할 수 있는 권리입니다. 대항력은 확정일자신청과는 관계없이 사업자등록만으로 가능합니다.

반면, 확정일자는 임차건물의 경매·공매 시 후순위권리자보다 우선하여 보증금을 변제받을 수 있는 권리이며 이 경우에는 반드시 확정일자를 받아야 합니다.

2002. 10. 31 이후에는 사업자등록만으로 대항력, 순위보전, 최우선변제권이 발생하나, 2002. 10. 31 이전의 사업자는 확정일자를 받아야만 대항력과 순위보전의 효력이 발생합니다.

2) 최우선변제권

일정금액 내의 임차인은 소액임차인으로서 경매·공매 시 우선적으로 임차보증금 중 최우선변제금액을 받을 수 있습니다. 이 경우에도 사업자등록을 해 놓아야 합니다.

3) 임대료 인상 및 계약 갱신

- 임대료는 연 12% 이상 인상할 수 없으며, 보증금의 월세 전환도 15% 이내로 제한됩니다.
- 임차인은 5년 범위 내에서 계약갱신을 요구할 수 있으며, 임대인은 거절할 수 없습니다.

※ 임대인의 계약갱신 거절

임차인이 3회 이상 차임(월세)을 연체한 경우, 임차인이 임대인 동의 없이 전대(재임대)를 한 경우, 서로 합의하여 임대인이 임차인에게 상당한 보상을 한 경우에는 임대인은 임차인의 계약갱신을 거절할 수 있습니다.

Tip 주택임대차보호법이나 상가임대차보호법의 보호는 해당 금액 이하의 임차인에게만 적용되므로, 일정금액 이상의 임차인은 보호받을 수 없습니다. 이 경우 별도로 민사소송을 제기하시거나 경매·공매 시 배당에 참여하거나 낙찰자에게 보증금 반환청구를 하셔야 합니다. 그러기 위해서는 반드시 확정일자 및 사업자등록을 해 놓으셔야 합니다. 보다 중요한 것은 임대차 계약체결 전 선순위 채권자 유무, 금액 대비 해당 건물의 예상 감정평가 및 낙찰가격을 추정하여 임차인의 보증금 반환에 문제가 없을 경우에만 계약을 체결하시는 것이 중요합니다.

Chapter 9

경매의 기초

경매를 알면 돈이 보인다

경매는 시세보다 저렴하게 주택이나 토지, 상가건물 등 다양한 부동산을 구입하는 좋은 방법입니다. 그러나 그 절차가 복잡하고 경매로 인해 사고 발생 시 그 책임은 모두 낙찰자가 부담해야 하므로 두려운 것이 사실입니다.

그러나 최근 들어 부동산 경매물건의 정보가 상세화되고 대법원 법원경매정보 홈페이지(http://www.courtauction.go.kr/)를 통해 일반인도 최소한의 경매지식만 있으면 손쉽게 접근할 수 있습니다.

그러나 앞서 말씀드렸듯이 경매로 인한 책임은 모두 본인이 져야 하므로 물건분석을 비롯하여 권리분석, 가격결정 등 일정수준 이상의 경험과 지식이 필요합니다.

다음의 내용은 경매의 흐름과 참여방법, 물건분석방법 등 원론적인 내용만 기술하였습니다. 따라서 경매의 함정이라 불리는 다양한 위험요소들에 대해서는 따로 공부를 하시는 것이 반드시 필요합니다.

1. 경매 절차

01 | 경매신청 및 경매개시 결정	02 | 배당요구의 종기 결정 및 공고	03 | 매각의 준비
	04 | 매각방법 등의 지정·공고·통지	
유찰(신경매)	불허가(신경매)	미납(재경매)
05 | 매각의 실시	06 | 매각 결정절차	07 | 매각대금의 납부
08 | 소유권이전등기 등의 촉탁, 부동산 인도명령	09 | 배당절차	

출처: 대법원 법원경매정보

　부동산 경매의 종류에는 이 책 서두 부분의 등기부등본에서 설명했듯이 강제경매와 임의경매가 있습니다. 이 둘의 차이를 되짚어 보면 채권자가 원래부터 그 물건에 담보권이 있었는지 여부에 따라 틀려집니다.

　강제경매는 원래 담보권이 없었기 때문에 법원의 판결이나 공정증서 등에 의해 경매신청을 하는 것이고, 임의경매는 전세권 등 원래 담보권이 있는 채권자의 경매신청에 의해 진행하는 것을 말합니다. 그러나 이 둘의 차이는 크게 없습니다.

1) 경매신청 및 경매개시결정

채권자가 대상 부동산 소재지 법원에 경매신청을 함으로써 법원이 경매개시결정을 하면 관할 등기소에 경매개시결정의 기입등기를 촉탁하게 되며, 기입등기가 완료되면 부동산 압류의 효력이 발생합니다.

※ 예고등기와의 구분

예고등기는 해당 물건과 관련하여 등기 원인의 무효나 취소로 인한 등기의 말소 또는 회복의 소송이 제기된 경우에 법원이 제3자에게 경고하기 위하여 행하는 등기입니다.

2) 배당요구의 종기결정 및 공고

집행법원은 경매개시결정의 기입등기가 이루어진 후 1주일 이내에 채권자들의 배당요구 종기일을 첫 매각기일(경매일) 이전의 날로 결정합니다. 이 기간은 보통 경매개시결정의 기입등기 이후 3개월 정도의 기간이 소요됩니다.

3) 매각의 준비

법원은 집행관에게 부동산의 이용 상태, 점유관계, 차임 등 기타 현황을 조사하게 되고, 감정인에게 부동산을 평가하게 하여 그 금액을 참조하여 최저매각가격(최저입찰가격)을 정합니다.

4) 매각 및 매각결정기일의 지정, 공고, 통지

매각준비가 완료되면 담당판사가 기일입찰방법과 기간입찰방법 중 선택하여 매각기일(경매일)과 매각결정기일을 지정, 공고, 통지하게 됩니다.

5) 매각의 실시

기일입찰의 경우 미리 지정된 기일, 장소에서 매각을 실시하여 최고
가매수신고인 및 차순위매수신고인을 정하게 되며, 기간입찰의 경우 입
찰기간 동안 접수된 입찰봉투를 매각기일에 개봉하여 정하게 됩니다.

대상 부동산에 입찰자가 없는 경우에는 유찰이 되며 최저매각가격의
20%를 차감한 금액으로 다시 경매를 진행하게 됩니다. 보통 유찰이 되
면 특별한 사정이 없는 한 35일 전후로 하여 다시 경매기일이 잡힙니다.

매번 유찰 시 20%를 차감하게 되며, 지속된 유찰로 인하여 경매의
실효성이 없어질 경우에는 직권으로 경매를 취소하게 됩니다(지역에 따
라 30%를 다운시키는 물건도 있음).

6) 매각허가결정

매각결정기일에 이해관계인의 의견을 들은 후 매각 허부를 결정하게
됩니다. 또한 매각 허부의 결정에 대하여 이해관계인(채권자, 임차인 등)
은 즉시 항고할 수 있습니다. 이 기간은 매각기일로부터 1주일 이내에
매각허가 여부가 결정되며, 이후 1주일 정도 이해관계인의 항고기간이
주어집니다.

7) 매각대금의 납부

법원은 대금지급기한을 지정하며 경락인은 정해진 기한 내에 언제든지 대금을 납부할 수 있습니다. 매각허가결정이 나고 낙찰자가 확정이 되면 1달 정도의 매각대금 납부기간이 주어집니다.

8) 배당절차

경락인이 매각대금을 완납하면 법원은 배당기일을 정하여 이해관계인 및 배당을 요구한 채권자에게 통지하여 배당을 하게 됩니다. 그러나 경락인이 지정한 기일까지 대금을 완납하지 않은 경우에는 차순위매수신고인(경락인 다음으로 높은 가격으로 입찰에 참여한 사람)이 있을 경우 그에게 매각의 허부를 결정하고, 없을 경우에는 재매각을 하게 됩니다.

<배당순서>

순서	내용
0순위	• 경매 비용
1순위	• 주택임대차보호법상의 소액 보증금 • 상가건물임대차보호법상의 소액 보증금 • 최종 3개월분의 임금, 최근 3년간의 퇴직금, 재해보상금
2순위	• 당해 부동산에 부과된 국세 및 지방세(당해세)
3순위	• 당해세를 제외한 국세, 지방세 • (근)저당권, 전세권, 담보가등기에 의해 담보된 채권 • 대항요건과 확정일자를 갖춘 임차보증금
4순위	• 제1순위 임금채권을 제외한 임금채권
5순위	• 법정기준일이 저당권, 전세권 등보다 늦은 국세, 지방세
6순위	• 건강보험료, 국민연금 및 기타 공과금(연체금은 날짜를 기준으로 일반채권보다 앞서 배당)
7순위	• 일반채권

* 가압류, 압류는 후순위 저당권과 함께 안분비례배당을 받습니다.

예) 배당금 총액이 2억일 경우 선순위 가압류 3억, 후순위 저당권 1억이면 배당비율을 2:1로 안분비례합니다. 즉, 가압류는 1억 5천만 원, 저당권자는 5천만 원으로 배당을 받습니다(단, 선순위 저당권은 후순위 가압류권보다 우선하여 배당받음).

<배당요구 여부>

배당요구 없이 배당	• 경매신청 채권자 • 중복경매신청으로 압류채권자가 된 채권자 • 경매신청기입등기 전에 등기한 가압류권자 • 저당권자 • 전세권자 • 배당기일 전에 채권신고를 한 국세, 지방세
배당요구를 하여야 배당	• 소액임차인의 최우선변제금 • 확정일자부 임차인 • 가등기권자 • 채무명의를 가진 채권자 및 일반채권자

9) 소유권이전등기 등의 촉탁, 부동산 인도명령

경락인은 매각허가결정을 받은 후에는 부동산의 관리명령을 신청할 수 있고, 대금 완납 후에는 부동산의 인도명령을 신청할 수 있습니다. 또한 집행법원은 경락인이 인수하지 않는 부담에 대해서 말소등기를 등기관에게 촉탁하게 됩니다.

2. 경매물건 검색 및 선택

경매물건은 대법원 법원경매정보(http://www.courtauction.go.kr/)에서 검색하실 수 있으며, 다양한 정보를 얻을 수 있습니다.

1) 대법원 인터넷 경매

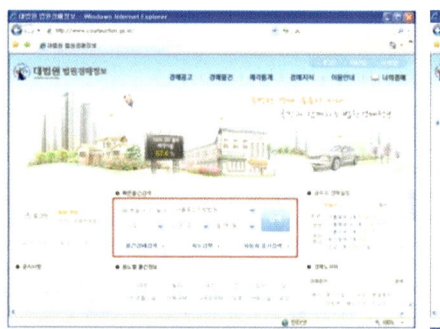

※ 사건번호를 보면 사건유형을 알 수 있습니다.
타경 – 민사 집행부동산 경매사건
카합 – 민사신청사건 중 가압류, 가처분 및 이에 대한 이의. 취소(집행취소는 제외)사건 중 합의사건
카단 – 가압류 가처분 및 이에 대한 이의. 최소(집행취소는 제외)사건 중 단독사건

대법원 홈페이지에서 경매물건을 검색하는 방법은 직접 지역을 선택하거나, 또한 해당 법원을 선택하는 방법 이외에 지도를 통한 물건 검색을 할 수 있습니다. 예를 들어 특정 지역의 지역명을 모른다거나, 주변 환경을 감안하여 경매투자물건을 찾으신다면 지도검색 서비스를 1차적으로 이용하시는 것을 추천합니다. 또한 경매 물건의 정확한 위치를 사전에 파악할 수 있어 물건분석이 용이합니다.

2) 경매 물건 선택 요령

경매투자를 하기 위해서는 자신의 주력종목을 찾아야 합니다. 예를
들어 토지를 할 것인지, 아파트를 할 것인지, 아니면 다세대 주택을 할
것인지 등 투자종목을 선택하여야 합니다.

투자종목을 선택하셨다면 어떻게 활용할 것인가를 고민하셔야 합니
다. 예를 들어 토지의 경우 경작을 한다거나, 형질변경을 통한 지목변경
을 한다거나, 전원주택을 짓는다거나, 아파트의 경우 리모델링을 하여
재매도한다거나, 전세 및 월세로 임대를 한다거나, 다세대 주택의 경우
임대사업자등록을 한다거나 등 활용방안을 구상하여야 합니다. 즉, 임대
수익을 얻을 것인가? 매도를 통한 양도차익을 얻을 것인가? 개발이익을
얻을 것인가를 선택하셔야 합니다.

이렇듯 관심물건을 결정하였다면 다음과 같은 방법으로 상세물건을
검색해 보시면 좋을 것입니다.

- 최초 경매물건은 검토 후 관심물건으로 등록하고 수시로 사건진행을 살펴본다.
- 유찰 1회 이상의 물건을 위주로 검색한다.
- 해당 물건의 사건번호, 주소, 금액(감정평가금액, 최저매각가격), 면적(전용면적, 분양면적, 토지면적), 경매기일 등을 메모한다.

3. 경매 물건 분석

법원검색, 지역검색, 지도검색 등 다양한 방법을 통해 관심 있는 물건을 선택한 후에는 관심물건을 상세하게 분석하여야 합니다. 관심물건의 정보를 적어 놓은 메모에다 추가적인 정보를 기재하면서 물건의 선택폭을 좁혀 나갑니다.

1) 물건기본정보 파악

출처: 대법원

해당 물건의 기본정보는 홈페이지에 자세하게 나와 있습니다. 특별히 주의할 것은 '물건비고'란의 토지별도등기, 유치권 있음, 법정지상권 성립 여부 있음 등 등기부등본상에 나타나지 않는 내용으로 주의를 기울여야 합니다. 또한 '매각물건명세서', '사건상세조회' 등을 통하여 사건진행경과 및 임차인, 채권자, 압류권자, 배당요구권자 등 당사사 내역을 파악하셔야 합니다.

2) 감정평가서

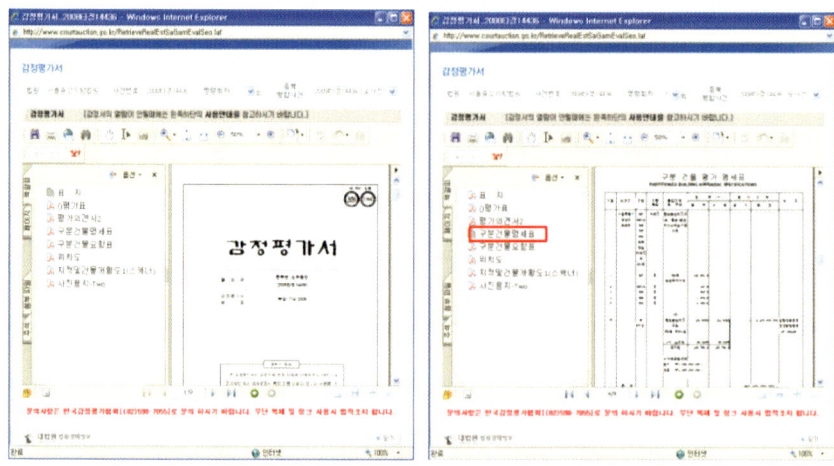

출처: 대법원

부동산 경매물건 검토 시 감정평가서는 반드시 확인해야 할 사항 중 하나입니다. 부동산 감정평가서의 평가항목에 따라 감정가격이 달라지기 때문에 특히 일반주택의 부속건물 포함 여부, 토지상의 입목 포함 여부 등 반드시 감정평가 항목을 토대로 현장 답사 시 미포함 여부를 확인하셔야 됩니다.

3) 위치 분석

관심물건의 주소지를 통해 해당 물건의 위치 및 규모, 주변현황, 접근성 등 다양한 정보를 파악합니다. 중요한 것은 해당 물건의 종류에 따라 바라보는 시각이 틀려집니다. 예를 들어 아파트의 경우 세대수, 접근성(지하철역, 대중교통수단), 브랜드명, 주변 환경 등이 중요한 반면 오피스텔의 경우에는 접근성이 무엇보다 중요합니다. 토지의 경우에도 지도검색을 통해 각각의 물건의 위치 및 경사도 주변 환경을 반드시 확인해야 합니다.

물건의 위치분석은 이미 앞 장에서 말씀드렸듯이 파란지도 검색(http://local.paran.com/map/)이나 다음지도(http://www.daum.net/)에서 확인하시면 됩니다.

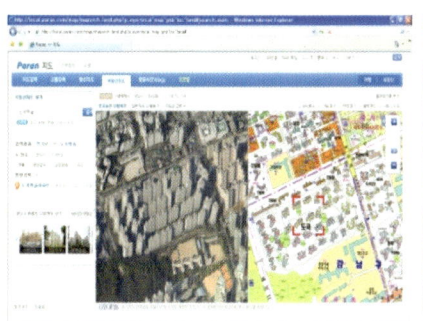 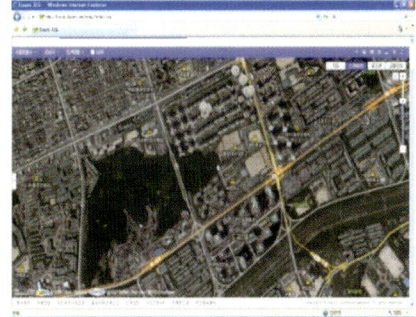

4) 권리분석

권리분석은 부동산 경매의 승패를 결정짓는 가장 중요한 분석 요소입니다. 말 그대로 권리분석은 물건의 등기부등본을 토대로 한 채무현황 및 금액을 비롯하여 경매물건 명세서의 배당요구현황 및 채무자, 임차인 상황을 반드시 등기부등본과 비교 확인해야 합니다.

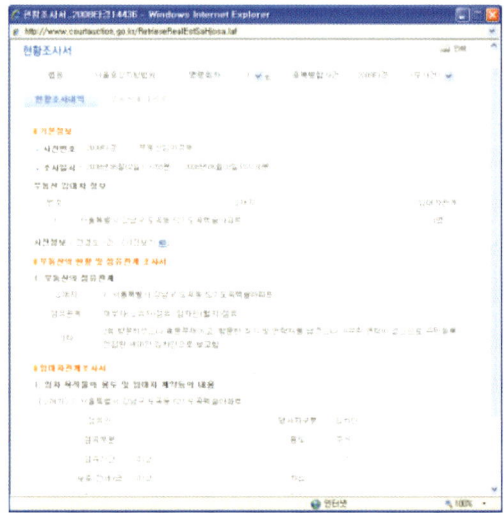

Memo **물건정보**
해당 물건의 물건정보 및 사건정보
를 '클릭'하시면 배당내역, 사건진행
경과 등 다양한 내용을 파악하실
수 있습니다.

    또한 임차인이 존재한다면 배당 여부와 더불어 소액임차인인지 확인을 해야 합니다. 만일 선순위 임차인이라면 배당요구를 했는지 확인해야 합니다.

    ※ 등기부등본의 분석

    등기부등본은 말소사항 포함으로 발급을 받으신 후 등기사항(내용, 금액)을 일자별로 정리할 필요가 있습니다(일자가 같은 경우 동구는 순위번호, 별구의 순서는 접수번호에 의함).

    그런 다음 말소기준권리에 따라 그 이후에 등기된 권리는 신경 쓰지 않아도 됩니다. 단, 말소기준권리 이전의 가등기의 경우 조심하셔야 합니다. 가등기에 의한 본등기로 인한 소유권이 변동될 가능성이 있기 때문입니다(가등기가 소유권이진가등기인지, 담보가등기인지의 구별이 모호하기 때문에 조심하셔야 합니다).

Tip 말소기준권리란 (근)저당권, (가)압류, 담보가등기, 강제경매결정
등기 등인데, 그중 가장 등기순서가 빠른 것이 해당 경매사건의
말소기준권리가 됩니다.

인수하는 권리	소멸하는 권리
• 유치권 • 소멸권리보다 앞선 용익물건(전세권, 지상권, 지역권) 및 대항력 있는 임차인(전입신고＋이사), 가처분, 예고등기, 소유권이전청구가등기, 환매등기	• 저당권, 가압류 등 말소기준 권리 이후의 용익물건 * 담보가등기는 순위에 상관없이 소멸 * 선순위 전세권 중 기한약정이 없거나, 경매개시결정등기로부터 잔여기간이 16개월 미만인 경우 소멸

예) 어느 경매물건의 등기부등본 및 임차권 관계가 다음의 표와 같을
경우(배당 총액은 3억 원)

날짜	내용	비고
2002. 5. 6	확정일자부 임차권	보증금 1억 원
2003. 1. 2	가압류	1억 원
2003. 6. 6	근저당	1억 원
2003. 8. 7	근저당	5천만 원
2003. 12. 1	가등기	배당신청(5천만 원)
2004. 3. 6	압류	국세 1천만 원(2003. 5. 1)
2004. 5. 1	임차권(소액임차인)	보증금 1천만 원
2005. 4. 8	경매개시결정등기	
2005. 6. 3	임차권(소액임차인)	보증금 1천만 원

* 가등기의 경우 배당신청을 할 경우 담보가등기로 봄.

① 말소기준권리는? 2003. 1. 2일자 가압류

② 낙찰자 인수 권리는?

　2002. 5. 6일자 임차권자가 배당요구를 하였을 경우 인수 권리는 없으며, 배당요구를 하지 않았을 경우 인수하여야 함.

③ 배당 순서 및 금액은?

　2004. 5. 1일자 소액보증금 임차인 1천만 원

　2004. 3. 6일자 국세 1천만 원(기준일 2003. 5. 1)

　2002. 5. 6일자 임차권 1억 원(배당 요구 시)

　2003. 1. 2일자 가압류, 2003. 6. 6일자 근저당, 2003. 8. 7일자 근저당, 2003. 12. 1일자 가등기는 분배당하지 않음.

* (배당총액 − 우선배당액)×(채권금액/잔여채권총액)

* (근)저당권은 후순위 배당금 흡수

　2003. 1. 2일자 가압류　　　6천만 원

　2003. 6. 6일자 근저당　　　1억 원

　2003. 8. 7일자 근저당　　　2천만 원

　2003. 12. 1일자 가등기　　　배당 못 받음.

* 경매개시결정등기 이후의 임차인은 소멸

※ 임차인 지위

구분		최우선배당	내용	낙찰자 인수
말소기준권리 이전	소액임차인	○	대항력(전입신고 + 이사)	부족금액 인수
	일반임차인	×	대항력 + 확정일자 = 우선하여 배당(확정일자 없을 경우 배당참여×)	부족금액 인수
말소기준권리 이후	소액임차인	○	대항력(전입신고 + 이사)	인수 ×
	일반임차인	×	대항력 + 확정일자 = 후순위 채권자에 우선하여 배당(확정일자 없을 경우 배당참여 ×)	인수 ×

　　경매참여 시 말소기준권리 이후의 임차인은 낙찰자가 인수하지 않으므로 문제가 될 여지가 없지만, 말소기준권리보다 선순위 임차인 중 배당에 참여하지 않은 임차인을 반드시 확인하셔야 하며, 경매 참여 시 선순위 임차인의 인수금액을 감안하여 입찰에 참여하여야 합니다.

※ 유치권

　　경매참여 시 가장 우려하는 사항이 유치권에 관련된 내용일 것입니다. 유치권은 해당 목적물에 관련하여 공사대금, 유익비 등의 직접적인 채무관계로 인하여 발생하며, 목적물을 점유하고 있어야 합니다. 여기서 점유란 직간접을 포함하여 제3자가 인정하는 경우에도 해당이 됩니다.

　　유치권은 물건명세서에 '유치권 성립 가능성 있음'이라는 내용이 있으면 반드시 주의하셔야 하며, 유치권자의 내용 및 금액을 경매 입찰 전 파악하셔야 합니다. 반면 낙찰 후 유치권이 있음을 알았을 경우 법원의 낙찰허가결정 전에 이의신청을 하여 낙찰취소신청을 하여야 합니다.

　　유치권의 성립 여부를 확인하기 위해서는 반드시 현장 확인을 하셔야 하며, 아파트의 인테리어, 주택의 리모델링 등 외부에서 확인하기 어려운 경우에는 낙찰 후 반드시 해당 물건지를 방문하여 채무자와의 원만한 대화를 통해 확인하는 것이 가장 좋은 방법입니다.

5) 가격 분석

경매참여 시 흔히 최저 매각가격으로 부동산을 구입할 수 있다는 생각으로 경매에 참여하는 사람들이 많습니다. 그러나 실제 경매 시 경우에 따라서는 감정평가금액보다 더 높은 가격으로 낙찰이 이루어지기도 합니다. 예를 들어 뉴타운 지역이나 재개발지역 같은 경우에는 감정평가시기에 따라 현재 시점의 가격과 차이가 있기 때문입니다. 보통 경매가 시작되어 낙찰까지는 8개월~9개월 정도 기간이 소요되기 때문에 반드시 현시점의 가격을 파악하셔야 합니다.

가격 분석은 각종 부동산 포털사이트(야후부동산, 다음부동산, 부동산114, 스피드뱅크, 부동산써브 등)와 국민은행 부동산 홈페이지 (http://land.kbstar.com/), 국토해양부 아파트 실거래가 등 다양한 경로를 통해 경매물건의 현 가격을 분석하여야 합니다.

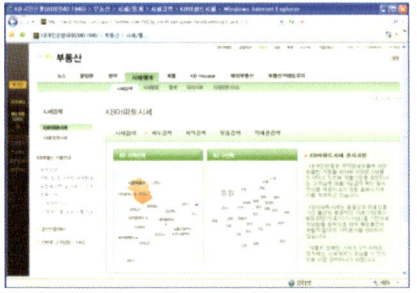

출처: 국민은행

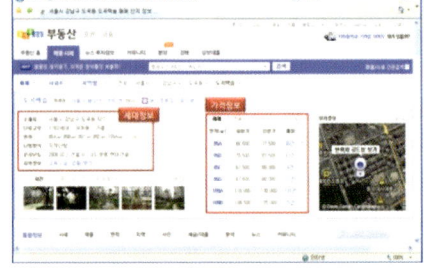

출처: 다음 부동산

6) 입찰가격 결정

　일반적으로 경매에 대한 정보가 풍부해지고, 경매에 참여하는 인구가 많아져서 과거처럼 경매로 인한 투자이익을 얻기가 쉽지는 않습니다. 그럼에도 불구하고 경매에 참여하는 것은 실제 거래되는 가격보다는 저렴하게 구입할 수 있다는 장점이 있기 때문입니다. 그러나 낙찰을 받지 못하면 아무런 의미가 없습니다.

　경매입찰 시 입찰인은 해당 물건의 경락가격을 정해야 합니다. 요즘은 경쟁이 치열하여 우량물건의 경우 낙찰가격을 정하기란 보통 어려운 게 아닙니다.

　따라서 경매에 참여하는 사람은 적정 가격선을 정해야 합니다. 개개인의 요구수준이 다르기 때문에 단정 지어 시세 대비 몇 %라고 정하기에는 무리가 있습니다. 그러나 최소한 경매참여 시 투자수익률을 계산해 보고 적정 낙찰가격을 정하여야 합니다.

　대법원 경매정보 사이트에는 최근 낙찰된 인근 물건의 최초감정평가 금액 대비 %를 공개하고 있습니다. 이 수치를 참고하셔도 좋을 듯합니다.

　그러나 무엇보다도 입찰참여자의 가격결정이 무엇보다 중요하며, 경매계획의 차질이 발생하는 것을 방지할 수 있습니다.

　해당 물건의 현 시세에서 취·등록세 및 제세공과금과 보유세 등을 감안하여 1차 가격을 산정합니다.

　1차 가격이 정해지면 투자물건의 매도 시 발생하는 양도소득세를 감안하여 투자수익을 계산합니다. 1차 가격에서 투자자의 요구수익을 감안한 것이 입찰가격이 됩니다.

일반적으로 아파트의 경우 시세 대비 75～80%선이며, 토지의 경우 대지는 70%, 농지는 60%, 임야는 50% 정도에 낙찰이 이루어지고 있습니다. 그러나 반드시 그러한 것은 아니며 부동산 경기흐름이나 해당 지역의 요인에 의해 가격은 변한다는 것을 감안하셔야 합니다.

7) 현장 확인

경매물건을 어느 정도 선택을 하셨다면 인터넷을 이용하여 기본적인 정보를 취득한 후 반드시 현장 확인을 하셔야 합니다. 주변 환경, 상권, 위치, 접근성, 유치권, 해당 물건의 하자, 임차인 등 현장 확인을 통해 꼼꼼히 살펴보셔야 합니다. 아파트 관리비 내역은 관리사무소에서 확인하실 수 있습니다. 판례에 따르면 낙찰자는 해당 아파트의 연체 관리비 중 공용부분에 대한 책임이 있기 때문에 반드시 확인하셔야 할 부분입니다. 또한 위법 임차인이 있는지, 배당에 참여하지 않은 선순위 임차인이 있는지 여부도 확인하셔야 합니다.

해당 물건의 전입세대열람은 해당 주민센터에 가시면 열람이 가능합니다. 단, 경매물건을 입증할 만한 자료(경매물건 목록 등)를 첨부하셔야 합니다.

더하여 위장임차인이 있는지 여부도 확인하셔야 합니다. 해당 물건에 주민등록이 되어 있는 경우에는 우편물을 확인하거나, 경비아저씨에게 문의하는 방법 등 최대한의 노력을 기울여야 합니다. 위장임차인은 형사처벌의 대상이 되므로 발견 시 원만하게 협의 보시는 것이 좋을 것입니다. 일반적으로 채무자와의 친인척관계, 전입일자와 확정일자가 현저히 차이가 나는 경우, 관리비 고지서의 이름이 다른 경우, 우편물에 해당 임차인의 이름이 없는 경우 등 다양하게 확인하셔야 합니다.

기타 물건별 현장 확인 사항은 앞장에서 설명한 내용을 참조하시면 됩니다.

4. 경매 참여

각 법원마다 경매일이 다르므로 해당 물건의 경매일을 확인하시고, 보통 오전 10시부터 시작합니다.

경매 당일 경매에 참여하는 사람으로 북새통을 이루기 마련입니다. 또한 누가 같은 물건에 참여하는지, 입찰가격은 어떻게 되는지 궁금하기 때문에 눈치작전을 펴기도 하고 일부러 정보를 흘리는 사람도 있는 등 다양한 사람들로 가득합니다.

1) 입찰 참여

일단 경매가 개시되면 법원 앞쪽에 해당 물건의 사건기록을 열람할 수 있으며, 경매취소 등 변경사항이 있는 경우에는 입구 게시판에 공고합니다.

입찰표에 기재를 하고 입찰봉투에 최저매각가격의 10%(재경매 20%)에 해당하는 입찰보증금을 넣어 입찰함에 넣습니다.

2) 낙찰 결정

경매 당일 해당 물건에 최고가격으로 입찰한 사람이 낙찰을 받게 됩니다. 입찰에 참여한 사람 중 최고가 매수신고인 이외의 입찰자 중 최고가 매수신고액에서 보증금을 공제한 액수보다 높은 가격으로 응찰한 사람은 차순위 매수신고를 할 수 있습니다.

3) 낙찰 허부 결정

낙찰일 이후 일주일 정도의 기간에 이해관계인(채권자, 임차인)의 의견을 들은 후 낙찰 허부를 결정합니다. 낙찰이 결정된 후 낙찰을 포기하게 되면 이미 납부한 경매 보증금은 돌려받을 수 없으며, 경매 보증금은 추후 배당금에 포함되어 정산되게 됩니다.

낙찰이 결정되면 약 1달 정도의 잔금납부기간이 주어집니다. 이 기간에 해당 부동산의 명도 및 잔금 대출 등에 신경을 쓰셔야 합니다. 그중 부동산의 명도는 가장 중요한 부분입니다. 일반적으로 배당에 참여한 임차인은 명도하는 데 크게 어려움이 없지만 채무자 및 후순위 임차인 등은 명도에 상당한 노력을 하셔야 합니다.

가장 좋은 방법은 법률적으로 타당함을 알리고 명도지연 시 결국 피해를 본다는 것을 인지시켜야 합니다. 통상 이런 경우 이사비용 정도를 낙찰자가 부담하여 합의를 보게 됩니다. 이 경우 반드시 명도확인서를 받아 두셔야 합니다.

5. 낙찰대금 납부

낙찰 잔금을 납부하면 일련의 경매활동이 끝이 납니다. 그러나 부동산 명도가 순조롭지 않다면 정신적, 물질적 피해를 낙찰자가 부담해야 합니다. 따라서 낙찰허가 후 부동산 거주자와의 명도협의가 이루어지지 않았다면 잔금 납부와 동시에 인도명령 또는 명도소송을 진행하셔야 합니다.

1) 인도명령

인도명령은 낙찰자의 대금 납부 후 6개월 이내에 부동산의 인도를 거부한 자, 소유자, 채무자, 경매개시결정등기 이후의 임차인(단, 낙찰자에 대항력 있는 임차인은 제외)을 대상으로 하며, 인도명령 신청 후 약 3~15일 후에 인도명령 결정이 납니다. 인도명령 결정이 났는데도 불구하고 인도가 이루어지지 않을 경우 강제집행을 하게 됩니다. 통상 전용면적기준으로 평당 5~10만 원 정도의 비용이 소요되고 추가적인 비용도 발생합니다.

2) 명도소송

명도소송의 내상자는 인도명령 대상 기간 6개월을 넘긴 경우, 경매개시결정등기 이전의 임차인으로서 배당을 받지 못하였거나 배당참여를 하지 못한 임차인, 기타 정당한 사유 없이 점유하고 있는 자로서 명도소송에 걸리는 기간은 약 3~4개월 정도가 소요되며, 항소 및 상소 등으로 1년 이상 걸리는 경우도 있습니다. 통상 명도소송 강제집행 비용은 150만 원에서 250만 원 정도 소요되며 추가비용이 있습니다.

무엇보다 낙찰인은 해당 부동산 점유자와의 원만한 협의를 통해 빠른 시일 내에 해결하는 것이 손실을 줄일 수 있는 지름길입니다.

6. 부동산 매매업

일반 부동산의 빈번한 거래뿐만 아니라 경매를 통해 시세차익을 얻는 투자방식을 주업으로 하거나 다수의 경매 거래를 하는 경우에는 부동산 거래시 매번 발생하는 양도소득세에 대한 부담을 떨칠 수 없습니다.

이러한 세부담을 줄이는 방법으로서 부동산 매매업을 고려해 볼 수 있습니다.

1) 부동산 매매업자

부동산 매매업자는 관할 세무서에 부동산 매매업자로 등록을 하거나, 미등록자 하더라도 1과세기간 내(1월~6월, 7~12월)에 2주택이상 매도, 1주택 이상 매수 시 자동으로 간주매매사업자가 되어 종합소득세 납부 대상이 됩니다.

부동산 매매업 등록은 일반과세자 및 부가가치면세 사업자로 사업등록을 하면 됩니다. 부가가치세는 토지와 수도권 소재 전용면적 85㎡ 이하의 주택과 수도권 이외의 지역 중 도지지역을 제외한 읍, 면 지역에 소재하는 전용면적 100㎡ 이하의 주택은 부가가치세 면세로 매매금액만 신고하면 되며, 그 밖의 상가, 공장, 사무실 등 업무용 건축물과 85㎡ 이상의 주택거래시에는 건물가액(전체매매금액에 대해 세법에 의해 안분계산된 금액)의 10%를 부가가치세로 납부하게 됩니다.

부동산 매매업자등록을 하게 되면 각종 필요경비(이자비용, 인건비, 명도비용, 수선비, 공과금, 수수료 등)의 공제범위가 넓으며(단, 부동산 매매업자는 양도소득기본공제 250만원 공제 안됨), 부동산 대출시 일반 개인에게 적용되는 대출규제를 받지 않아도 되는 장점이 있는 반면 국민연금, 의료보험 등 부가적인 의무가 발생하게 되어 경우에 따라서는 부가가치세 등 추가 부담이 발생할 수 있습니다.

2) 소득신고 및 세율

부동산 매매사업자는 사업자로서 부동산 매매차익에 대해 예정신고·납부를 하였더라도 다음 년도 5월31일 까지 종합소득세 확정신고를 하여야 합니다.(미신고시 산출세액의 20%에 해당하는 신고불성실가산세 납부) 단, 1가구 2주택, 3주택 등 다주택자인 경우 양도소득세와 종합소득세 중 큰 금액을 납부하는 비교과세 대상이 됩니다.

종합소득세율

12백만 원 이하	8%
12백민 원 초과 46백만 원 이하	17% (누진공제 108만원)
46백만 원 초과 88백만 원 이하	26% (누진공제 522만원)
88백만 원 초과	35% (누진공제 1,314만원)
※ 비사업용 토지, 2주택이상, 3주택이상의 경우에는 비교 과세에 의하여 양도차익에 양도소득 중과세율이 적용됨.	

3) 부동산 매매사업자의 종합소득세 계산

부동산 매매사업자의 종합소득세 계산방법은 크게 두가지로 필요경비를 장부에 기재하는 방식과 기준경비율 또는 단순경비율을 적용하는 추계방법이 있습니다.

장부기재	추계	
	기준경비율	단순경비율
매출액 －매출원가 매출총이익 －판매및일반관리비 영업이익 －영업외비용 경상이익 당기순이익 종합소득금액	양도시 매매가액 －필요경비 매매차익 (필요경비:취득가액 및 취득부대비용+양도시 매매가액×기준경비율) (기준경비율:보유기간 5년미만 8.7% , 5년이상 23.2% 적용)	양도시 매매가액 －필요경비 매매차익 (필요경비:양도시매매가액×단순경비율) (단순경비율:5년미만 80.9%, 5년이상 70% 적용)

* 일반적으로 장부기장이 추계방법보다 종합소득세가 낮습니다.

* 판매 및 일반관리비

차량유지비, 재산세/자동차세 등 조세, 취득세/등록세/수수료 등 취득부대비용, 접대비, 통신비, 인건비 등

* 영업외 비용

대출이자 등 영업외적인 비용

예) 홍길동은 2008년 3월 5일1억원(대출 5천만원 포함)을 주고 전용면적 60㎡의 주택을 구입한 후 2008년 7월 17일1억 3천만원에 매도 하였다. 매수시 취.등록세 등으로 600만원, 벽지와 장판 교체비용 100만원, 차량유지비로 100만원, 이자비용 100만원, 양도

수수료 100만원의 비용이 지출 되었다. 이 경우 종합소득세와 양
도소득세의 금액은 어떻게 되는가? (비거주이며 1세대 1주택, 장
부기장으로 계산)

구분	양도소득세	종합소득세
내용	양도가액 13,000만원 −취득가액 10,000원 −필요경비 600만원 −양도비용 100만원 양도차익 2,300만원	매출액 13,000만원 매출원가 10,000만원 매출총이익 3,000만원 −판매.일반관리비 900만원 영업이익 2,100만원 −영업외비용 100만원 경상이익 2,000만원 당기순이익 2,000만원 종합소득금액 2,000만원
산출 세액	양도차익 2,300만원×50% =1,150만원	종합소득금액 2,000만원×17% =340만원

이 경우 보유기간 1년 미만으로 사업용 주택으로 종합소득세를 적용
하며 340만원을 납부하면 됩니다. 단, 다주택자일 경우 양도소득세와
종합소득세 중 큰 금액인 1,150만원을 납부하게 됩니다.

4) 부동산 매매사업자의 주택수 계산

부동산 매매사업자로 등록을 하면 부동산 거래차익에 대해 양도소득
세율이 아닌 종합소득세율(8%~35%)의 적용을 받기 때문에 세금부담이
줄어들 것이라고 생각하지만, 다주택자의 경우에는 양도소득세와 송합
소득세 중 큰 금액을 적용받기 때문에 세금 부담에 큰차이가 없습니다.
여기서 부동산 매매사업자의 주택수를 구분할 필요가 있습니다. 즉,

실제 거주하는 주택을 포함시켜 계산할 것인지, 아니면 매매용 주택만 계산할 것인지에 따라 비교과세를 할 것인지, 종합소득세로 계산할 것인지 결정되기 때문입니다.

1세대 2주택 이상의 다주택 매매업자의 경우

구분	요건	적용세제	비고
거주용	1세대 1주택 비과세 충족시 주택수 포함 안됨(×)	양도소득 적용 (비과세)	세대전원 거주, 3년 보유 2년 거주 (지역별 요건 충족)
	1세대 1주택 비과세 미 충족시 주택수 포함(○)	비교과세	
매매용		비교과세	

* 거주용이 아닌 1세대 1주택의 반복 거래시 종합소득세 적용

부동산 매매사업자가 자가소유의 주택에 거주하면서 매매사업용 주택을 여러채 보유하고 있을 경우 거주주택의 매도시 해당 주택의 양도소득세 비과세 요건에 따라 부동산 매매사업자의 주택수 포함 여부를 결정하여 양도소득세를 비과세 할 것인지, 종합소득세와 양도소득세의 비교과세를 할 것인지 결정하게 됩니다.

참고로 부동산 매매사업자가 자가소유의 주택에 거주하지 않고 전세나 월세와 같은 임대주택에 거주하고 1주택을 보유하고 매도시에는 종합소득세율을 적용합니다.

관련 사이트 주소

국민은행부동산 http://land.kbstar.com/

국토지리정보원 http://www.ngi.go.kr/

국토포털 http://www.land.go.kr/

국토해양부 http://www.mltm.go.kr/

다음부동산 http://realestate.daum.net/

대법원 http://www.scourt.go.kr/

대법원 경매 http://www.courtauction.go.kr/

대법원인터넷등기소 http://www.iros.go.kr/

법제처 http://www.moleg.go.kr/

부동산114 http://www.r114.co.kr/

부동산뱅크 http://www.neonet.co.kr/

부동산써브 http://www.serve.co.kr/

서울시 http://www.seoul.go.kr/

야후 부동산 http://www.yahoo.co.kr

온나라부동산종합포털 http://www.onnara.go.kr/

전자정부 http://www.korea.go.kr/

중앙일보조인스랜드 http://www.joinsland.com/

토지이용규제정보서비스 http://luris.mltm.go.kr/

통계청 http://www.nso.go.kr/

파란지도 http://local.paran.com/map/

한국공인중개사협회 http://www.kar.or.kr/

한국토지공사 http://www.lplus.or.kr/

CCIM http://www.ccimnet.co.kr/

CPM http://www.kcpm.co.kr/

색 인

단독(다가구)주택 Check list

주소	시	구	동	번지	호		
형태	지상 층/지하 층, 1층 피로티(주차장) 구조 여부 ( )						
면적	대지면적( )m², 건축 연면적( )m²						
기타 사항	건축연도 년, 주차가능대수( )대, 도시가스(유/무)						
방향	향, 통풍(상, 중, 하), 채광(상, 중, 하)						
층별 임대 상황	지하 1층	보증금	원/월 원	계약만료(년 월 일)			
	지상 1층	보증금	원/월 원	계약만료(년 월 일)			
	2층	보증금	원/월 원	계약만료(년 월 일)			
	3층	보증금	원/월 원	계약만료(년 월 일)			
	4층	보증금	원/월 원	계약만료(년 월 일)			
대장 내용	소유자		내용동일 여부				
	근저당 설정액		금액확인				
	기타 설정관계		특이사항 (위법건축물)				
가격	매매금액	원	실 투입금액	원			
용도 지역			거래규제사항				
층별 구조	외부구조		내부구조				
기타 하자 사항	ex) 도로 접합(건축선 후퇴)						

토지 Check list

주소	(산)				
구분	지목( )		용도구역/지구		
면적	토지면적( )m²		도로	접합면 길이(m), 접합도로(m)	
이용현황					
토지이용계획확인	이용 규제사항(토지거래허가, 농지취득자격, 기타 사항)				
등기부등본	소유자			내용동일 여부	
	근저당설정액			금액확인	
	기타 설정관계			특이사항(위법행위)	
공시지가	전전년도(원/m²), 전년도(원/m²), 금년도(원/m²)				
가격	매매금액		원	실 투입금액	원
현장 답사	맹지			현황도로	
	경사도				
	지장물 현황	건축물 유/무, 묘지 유/무, 수목집단 유/무			
토지사진 및 지적도					
기타 사항	ex) 도로접합, 도로개설계획, 주변 개발계획 등				

281

아파트(공동주택) Check list

주소	아파트 명칭	아파트(빌라) 동 호 층		
	아파트 주소		단지 세대수	
내용	면적	분양면적 m²(전용 m²)	대지지분	m²
	방 개수	방 ( )개, 화장실( )개, ( )Bay		
	방향	향, 통풍(상, 중, 하), 조망(상, 중, 하)		
	건축연도	연도, 확장 여부: 베란다(앞, 뒤), 방( )		
등기부 등본	소유자		동일 여부	
	근저당 설정액		금액확인	
	기타 설정관계		특이사항	
가격	매매 금액	원	실거래가격 확인	원
거래 규제	주택거래신고구역, 투기지역, 투기과열지구 등			
임대관계	구분(전세, 월세), 보증금 원/월 원, 계약만료(년 월 일)			
내부구조				
기타 하자사항				

상가(상가건물) Check list

주소	시	구	동	번지	(빌딩)	호
층	지상 층/지하 층(해당 층)					
면적	대지면적( )m², 건축 연면적( )m², 대지지분( )m²					
기타 사항	건축연도 년, 주차가능대수( )대					
용도지역/지구						
건물용도	제1종 근린생활시설/제2종 근린생활시설 등( )					

층별 임대 상황	지하 1층	(이용 상황, 면적 평) 보증금 원/월 원	만료(년 월 일)
	지상 1층	(이용 상황, 면적 평) 보증금 원/월 원	만료(년 월 일)
	2층	(이용 상황, 면적 평) 보증금 원/월 원	만료(년 월 일)
	3층	(이용 상황, 면적 평) 보증금 원/월 원	만료(년 월 일)
	4층	(이용 상황, 면적 평) 보증금 원/월 원	만료(년 월 일)

등기부등본/건축물/토지대장	소유자		내용 동일 여부	
	근저당 설정액		금액확인	
	기타 설정관계		특이사항 (위법건축물)	

가격	매매금액	원	실 투입금액	원
수익률	임대 총수익(원/년), NPV( ), IRR(%)			

층별 구조	외부구조	내부구조

기타 하자사항	ex) 도로 접합(건축선 후퇴)

강기횡 ―――――――――――――――――――――――――――――――――――――――

▌약 력

중앙대 경영학과
중앙대 국제경영대학원
공인중개사
CPM(美 부동산자산관리사)
CCIM(美 수익용부동산투자분석사)

'돈이 있는 곳으로 가자'라는 생각으로 하루아침에 컴퓨터 A/S프랜차이징 회사를 접은 후
공인중개사 사무소 개설을 시작으로 도시개발사업, 상업시설, 주상복합, 대형유통시설 개발
등 국내 부동산 개발사업을 비롯하여 카자흐스탄 주상복합 개발사업 등 해외 부동산 개발
업무를 했다.
현재 다수의 국내 부동산 투자자문과 컨설팅 업무를 수행하고 있다.

richandpoor@korea.com

500원으로 시작하는
부동산 따라잡기

초판인쇄 | 2009년 8월 20일
초판발행 | 2009년 8월 20일

지은이 | 강기횡
펴낸이 | 채종준
펴낸곳 | 한국학술정보㈜
주 소 | 경기도 파주시 교하읍 문발리 파주출판문화정보산업단지 513-5
전 화 | 031) 908-3181(대표)
팩 스 | 031) 908-3189
홈페이지 | http://www.kstudy.com
E-mail | 출판사업부 publish@kstudy.com

등 록 | 제일산-115호(2000. 6. 19)
가 격 | 33,000원

ISBN   978-89-268-0273-1 13320 (Paper Book)
       978-89-268-0274-8 18320 (e-Book)

이담 Books는 한국학술정보(주)의 지식실용서 브랜드입니다.